novum pro

IMPRESSUM

Bibliografische Information der Deutschen Nationalbibliothek:

Die Deutsche Nationalbibliothek verzeichnet diese Publikation in der Deutschen Nationalbibliografie. Detaillierte bibliografische Daten sind im Internet über http://www.d-nb.de abrufbar.

Lektorat:
Mag. Petra Wieser

Grafik und Satz:
Gerlinde Schmid Communications GmbH

Druck: Wograndl Druck GmbH

Gedruckt in der Europäischen Union auf umweltfreundlichem, chlor- und säurefrei gebleichtem Papier.

ISBN 978-3-99003-197-1

www.novumpro.com

AUSTRIA · GERMANY · SWITZERLAND · HUNGARY

HARALD MAHRER

MEHR FREIHEIT
MEHR VERANTWORTUNG

novum pro

MEHR

INHALT

6

VORWORT

Ein Jahr Krise. Und außer Spesen nichts gewesen. Spesen in Milliardenhöhe. Die wir alle zahlen. Und alles läuft weiter wie bisher. Astronomische Bonuszahlungen an der Wall Street. Politische Reformen als Lippenbekenntnisse. Großspekulanten und Steuerpiraten, die hämisch aus den Klatschspalten der Gazetten lächeln. So kann es nicht weitergehen. So darf es nicht weitergehen.

Unternehmen wir etwas gegen die Krise! Das ist leicht gesagt. Aber auch leichter getan als viele denken. Wenn dafür die Rahmenbedingungen stimmen. Um sie soll es in diesem Buch gehen. Die 2008 entfesselte Finanzmarkt- und Wirtschaftskrise zeigt, dass etwas nicht stimmt mit unserer Art und Weise zu wirtschaften. Das darauf folgende Krisenmanagement zeigte, dass mit der Art und Weise etwas nicht stimmt, wie wir mit Krisen umgehen. Denn eine hemmungslose Schuldenpolitik, wie sie nun vielerorts praktiziert wird, ist der sichere Weg in die nächste Krise.

Die Krise und ihre fragwürdige Bekämpfung haben die gleiche Wurzel. Die Relationen zwischen Freiheit und Verantwortung stimmen in unserer Gesellschaft nicht. Unsere real existierende Wirtschafts- und Gesellschaftsordnung hat ein Anreizsystem entwickelt, das problematisches Verhalten belohnt und wünschenswertes Verhalten bestraft. Ein simples Bild dazu: Im Ort herrscht eine Rattenplage. Pro erlegtem Tier wird eine Prämie

8

ausgesetzt, um der Plage Herr zu werden. Das Ergebnis: Die kommunalen Kammerjäger züchten weitere Ratten, um sich ein fixes Zusatzeinkommen sichern zu können. So haben wir uns in die Finanzkrise hineingewirtschaftet. Wenn Anreiz und Verhalten das Gegenteil von dem erreichen, was bezweckt ist, dann muss man beides überdenken. So wie bisher kann es jedenfalls nicht weitergehen.

Dieses Buch ist kein Krisenratgeber. Dieses Buch hat auch nichts mit Weltverbesserungsprosa zu tun. Dieses Buch will aufzeigen, dass es auf unsere Haltung in Bezug auf Freiheit und Verantwortung sowie unser Selbstvertrauen ankommt, wenn wir Krisen nachhaltig bekämpfen und vermeiden wollen. Auf die individuellen und öffentlichen Haltungen und Verhaltensweisen, die unser wirtschaftliches Leben prägen. Diese Haltungen sind in Wirklichkeit die viel grundlegenderen Rahmenbedingungen für unser Wirtschaften als Vorschriften und Regeln. Sie müssen wir erneuern, beleben, in Anreize „übersetzen" – und unsere klein- und mittelständische Wirtschaftskultur ist dafür das entscheidende Vorbild. So schaffen wir den Weg in die Vertrauensgesellschaft.

Dieses Buch ist ein Plädoyer für mehr Freiheit und mehr Verantwortung. Dieses Buch ist ein Buch für mehr Sicherheit und mehr Risiko. Dieses Buch ist für Akteure und Beobachter des Wirtschaftsgeschehens geschrieben. Sie alle können etwas unternehmen, damit die Zukunftsaussichten von Krisen dramatisch schlechter werden, als sie es jetzt noch sind. In diesem Sinn: Sichern wir unsere Zukunft durch mehr Freiheit und mehr Verantwortung!

Harald Mahrer

10

1

DER GROSSE VERRAT AN DER ZUKUNFT

Außer Schulden nichts gewesen. Lautet so die bittere Zwischenbilanz der milliardenschweren Anti-Krisen-Pakete, mit denen die Politik in den vergangenen Monaten um sich geworfen hat? Die Erfahrung spricht dafür. Auf Kosten der Zukunft hat man in Österreich immer schon „gut" gewirtschaftet. Die Konsequenzen sind allerdings massiv: Schon bisher haben wir allein für die Bedienung unserer Staatsschulden enorme sieben Milliarden Euro pro Jahr gezahlt. Dank diverser „Wahlzuckerln" und der Anti-Krisen-Pakete schnellt der Zinsendienst nun auf neun Milliarden Euro im Jahr hinauf! Tendenz weiter steigend.

Schulden ohne Ende

Neun Milliarden Euro. Das ist viel Geld. Verdammt viel Geld. Man könnte es bestens investieren. In die Kindergärten und Schulen. In die Fachhochschulen und Universitäten. In Forschung und Entwicklung. Das brächte Turbo-Effekte für eine bessere Zukunft. Bessere Bildung, mehr Innovation, sicheres Wachstum, breiter Wohlstand. Doch unsere Kinder werden keinen Cent davon haben. Im Gegenteil: Sie werden die Zukunft vor lauter Schuldenbergen nicht mehr sehen. Sie werden zahlen und zahlen. Sie werden der öffentlichen Hand immer mehr zahlen müssen – und gleichzeitig immer weniger Leistungen sehen. Weil der Verrat an der Zukunft für uns zum politischen Alltagsgeschäft gehört. Politischer Pragmatismus kennt nur seine eigene Gegenwart. Aber keine Zukunft. War das schon immer so? Allein zwischen 1970 und 1986 ist in Österreich die Staatsschuldenquote um 280 % gestiegen. Das war, von einem kurzen Nulldefizit-

Intermezzo abgesehen, schon immer so.

Morgen? Nein, danke!

Wir verschleudern unter dem Titel „Krisenbekämpfung" das Steuergeld und das Geld unserer Kinder und Enkelkinder, als ob es kein Morgen gebe. Auch das hat Tradition. Rückblende für die jüngere Leserschaft: Österreich schoss zwischen 1980 und 1987 der „Verstaatlichten" über 4,4 Milliarden Euro zur Verlustabgeltung zu. Allein von 1982 bis 2000 mussten für die Tilgung der ÖIAG-Schulden 1,4 Milliarden Euro und für die Zinszahlungen 2,4 Milliarden Euro bezahlt werden. Der Staat hat's ja. Von den Steuerzahlerinnen und Steuerzahlern. Die bizarre Nationalratssitzung vom 24. September 2008, bei der kurz vor der Nationalratswahl 2008 Unmengen von Steuergeldern unter dem Titel „Inflationsbekämpfung" verbrannt wurden, zeigt: Österreich hat aus seiner Finanzgeschichte nichts gelernt. Zulasten der Steuerzahler von heute, aber vor allem der Steuerzahler von morgen. Denn die Schulden von heute sind immer die Steuern von morgen.

Zum Schuldenzahlen geboren

Vergleicht man Österreich mit einer Familie, dann ergibt sich folgendes Bild: Die Familie Österreicher verfügt über ein Haushaltseinkommen von 2.331,– Euro pro Monat. Das interessiert aber niemand. Denn ausgegeben wird im Monatsdurchschnitt ein Betrag von 2.750,– Euro. Alle sind sich stillschweigend einig, dass man einfach mehr ausgeben kann, als man einnimmt. Jeden Monat 419,– Euro zusätzliche Schulden pro Familie in Österreich. Dafür gibt es ja Kredite, nachdem die Sparbücher der Kinder von Omas und Opas bereits geplündert wurden.

Keine Frage: Der Privatkonkurs dieser Familie ist vorprogrammiert. Mit schwerwiegenden Konsequenzen für die Zukunftsaussichten der Kinder. Mit dermaßen verschuldeten Familien ist kein Staat zu machen. Es gilt aber auch der Umkehrschluss: Mit einem maßlos verschuldeten Staat ist keine Zukunft für Familien zu machen. Ein Staat, der wegen der Schulden aus Vergangenheit und Gegenwart nicht in die Zukunft investieren kann, verwaltet Perspektivenlosigkeit. Die Kinder werden zum Schuldenzahlen geboren. Ist das alles, was uns zum Thema Krisenbekämpfung einfällt?

Ungesundes Gesundheitssystem

Szenenwechsel zu einem anderen Bereich, in dem Verrat an der Zukunft begangen wird: das Gesundheitssystem. Seine Krise hat Geschichte und System. Bis zu 2,9 Milliarden Euro könnte man allein in österreichischen Krankenhäusern durch effizienteren Mitteleinsatz umschichten bzw. freisetzen, sagt der Rechnungshof. Und das ohne Leistungskürzungen. Das interessiert allerdings niemand. Die Krankenkassen zahlen die niedergelassenen Ärzte und einen Teil der Spitalskosten. Bund, Länder und Gemeinden zahlen den anderen Teil der Spitalskosten. Die Finanzströme sind unübersichtlich. Fast so unübersichtlich wie die Strukturen im Gesundheitssystem.

Dann haben wir noch ein „kleines" Demografieproblem. Jeder weiß es, aber niemand nimmt es ernst: Im Jahr 2000 waren in Österreich 1,67 Millionen Menschen über 60 Jahre alt, 2035 werden es bis zu drei Millionen sein. Die

Zahl der Pflegebedürftigen wird sich bis 2014 von 300.000 auf 700.000 mehr als verdoppeln. Fast jeder zehnte Mensch in diesem Land wird dann Betreuung benötigen. Wer zahlt das? Unser Gesundheitssystem entwickelt sich höchst ungesund. Es steckt in einer veritablen Krise – und rutscht von Tag zu Tag tiefer hinein.

Auf der Suche nach Billig-Operationen

Die Zukunft unseres Gesundheitssystems ist bei Fortsetzung des bisherigen Kurses klar. Auch wenn niemand darüber offen spricht. Eine Finanzspritze nach der anderen in die maroden Kassen – wir reden immer vom Geld der Steuerzahler – wird nichts daran ändern: Es kommt schon in wenigen Jahren eine Leistungskürzungswelle auf uns zu, während die Spitzenmedizin immer teurer wird. Unser Gesundheitssystem wird Listen kennen, auf denen steht, was wann nicht mehr geht. Zum Beispiel bestimmte Operationen nur bis zu einem bestimmten Alter.

Österreicherinnen und Österreicher werden zu OP-Touristen, die sich in Mittel- und Osteuropa private Behandlungen zu günstigeren Konditionen kaufen. Wenn sie sich das leisten können. Ist der Verrat an der Gesundheit der Zukunft vermeidbar? Nur unter der Voraussetzung, dass wir der Gesundheitskrise anders begegnen als bisher.

Anatomie einer Krise

Wirtschaften wir mit unserer Zukunft richtig? Gehen wir mit Krisen richtig um? Die Finanz- und Wirtschaftskrise bestätigt leider eindrucksvoll, was viele schon länger befürchten: Nein, das tun wir nicht. Dadurch verraten wir Zukunft. Die Zukunft unserer Kinder, aber auch unsere eigene

Zukunft. Die Analysen, wie es zur Finanzmarkt- und Wirtschaftskrise gekommen ist, füllen mittlerweile Bände. Trotzdem ist es wichtig, sich die konstituierenden Faktoren dieser Krise in Erinnerung zu rufen. Unterschiedliche Sub-Krisen führten durch ihre Wechselwirkungen zu einer Superkrise des Wirtschaftssystems. Jetzt steht das globale Dorf lichterloh in Flammen. Und niemand will gezündelt haben.

Die Ursachenanalyse ist deswegen so wichtig, weil falsche Analysen bereits den Keim der nächsten Krise in sich tragen. Die Marktwirtschaft „an sich" sei das Problem, wurde gesagt und geschrieben. Oder: Es gebe einfach nur zu wenig Staat. Das ist Unfug. Es geht um die Frage, welche Anreize welche Verhaltensweisen bewirken – und wie Anreize und Verhaltensweisen tatsächlich zusammenwirken. Die Anatomie der Krise muss eine Anatomie der Anreize und Verhaltensweisen sein. Billiges Geld, grenzenlose Gier und unerträgliche Unvernunft – dieses Krisen-Dreieck und seine Hintergründe gilt es zu untersuchen.

Billiges Geld kommt teuer

Am Anfang der US-Finanzmarktkrise stand – Geld. Billiges Geld. Zu billiges Geld, wie sich gezeigt hat. Dahinter eine politische Entscheidung, die staatlich umgesetzt wurde: Nämlich den US-Bürgern das Eigenheim als Standbein der sozialen Sicherheit möglich zu machen. Die US-Notenbank „Fed" brachte viel Geld billig unter die Banken – und die Banken brachten viel Geld billig unter die Konsumenten. Ohne sich allzu intensiv damit zu beschäftigen, ob die Kreditnehmer tatsächlich in der Lage waren, das Geld zurückzuzahlen. Ohne kritisch zu hinterfragen, ob Immobilienpreise für immer und ewig ansteigen würden.

Die Zahlen sprechen eine klare Sprache: Allein zwischen 2000 und 2006 verdoppelte sich das Volumen von Hypothekardarlehen in den Vereinigten Staaten auf knapp zehn Billionen US-Dollar. Einem realen Wirtschaftswachstum von 3,4 Billionen US-Dollar stand 2005 ein Kreditwachstum von 34 Billionen US-Dollar gegenüber. Wer das für eine solide wirtschaftliche Entwicklung hält, dem ist nicht zu helfen.

Klar ist: Der eigentliche Auslöser der Krise ist Politikversagen. Die Politik ist ihrer Verantwortung nicht nachgekommen, die Grundlagen für soziale Sicherheit der Bürgerinnen und Bürger auf eine nachhaltige Art und Weise zu ermöglichen. Am Anfang der Krise stand – sozialpolitisch motivierte – Schuldenpolitik. Anreize und Mittel staatlichen Handelns zur Erreichung eines bestimmten Ziels waren nur kurzfristig ausgerichtet. Daraus ist für die Zukunft zu lernen: Politische Verantwortung und die Umsetzung von politischen Zielen muss zukunftsverträglich wahrgenommen werden. Sonst sind Krisen vorprogrammiert.

Dass mit der Förderung von Schulden keine Zukunft zu machen ist, sollten wir auch aus der Nachbarschaft wissen, mit der wir engstens verbunden sind. Die exzellenten Osteuropa-Geschäfte unserer Banken galten jahrelang als ökonomischer Jungbrunnen für das Land. Jetzt sehen die Banker steinalt aus. Tatsache ist: Die Banken haben in Osteuropa die Erfüllung von Träumen auf Pump finanziert. Den Traum vom Auto. Vom Eigenheim. Von Konsum- und Luxusartikeln.

Gewiss: Der Aufholbedarf in Osteuropa war, ist und bleibt groß. Aber Schulden, die man macht, müssen auch zurückgezahlt werden. Und dazu muss man in der Lage sein. Ist man es nicht, sitzt man gemeinsam mit den Volkswirtschaften und den Banken in der Schuldenfalle.

Gierige Manager sind schlechte Manager

Der zweite Eckpunkt des Krisendreiecks ist die Gier. Sie ist nicht nur in Wirtschaftskrisen ein bekanntes Unwesen, fällt da aber besonders ins (systemische) Gewicht. Gier ist das Gewinnemachen ohne jegliche Perspektive.

Gierige Manager haben große Ähnlichkeiten mit Krokodilen. Da Krokodile aufgrund ihrer gehirnphysiologischen Voraussetzungen keine Vergangenheit kennen (weshalb sie sich als Haustiere so schlecht eignen, da sie menschliche Wohltaten einfach nicht erinnern und ihr Verhalten nicht menschenfreundlich modifizieren) und ihnen prospektives Denken ohnehin fremd ist, schnappen sie, was sie kriegen können. Das kann einem allerdings bei bestimmten toxischen Finanzmarktprodukten, in denen faule Kredite versteckt sind, äußerst übel bekommen. Nicht überall, wo kurzfristiger Gewinn draufsteht, ist auch einer drin. Daran sollte man sich erinnern können. Das sollte man für die Zukunft mit einplanen. Gute Manager denken in ihren Gewinnperspektiven mittel- und langfristiger. Gierige Manager sind schlechte Manager.

Gier ist natürlich kein Privileg der Manager. Gierig kann jeder sein. Gierig sind auch Unternehmer, Eigentümer und Anleger, die auf Teufel komm raus hohe Renditen wollen. Wer erinnert sich nicht an die Medienberichte Anfang der 1990er Jahre, als Betrüger in Albanien „Investmentfonds" auflegten, die Renditen von 30 % zusicherten? Was wurde über die armen Albaner gelacht, die investierten und um ihr Geld gebracht wurden. Heute hört man kaum mehr Lacher.

Gier ist in der Mitte der Gesellschaft daheim. Und Dummheit macht sie grenzenlos. Wer hat noch nicht eine E-Mail eines offenkundig schwarzafrikanischen Absenders erhalten, in der man gegen einen vergleichsweise bescheidenen Unkostenbeitrag einen erklecklichen Anteil an weißgewaschenem Offshore-Vermögen versprochen erhält? Wer fällt auf so etwas herein? Traurig, aber war: Zahllose Adressaten haben allein in Österreich gierig ihrer Dummheit freien Lauf gelassen. Sie haben auf derartige Geschäftsangebote tatsächlich mit Überweisungen reagiert. Nur selten wird Gier so rasch bestraft.

Gier ist eine Verhaltensweise, die im Spannungsfeld zwischen Freiheit und Verantwortung steht. Der Freiheit zur Gier steht die Verantwortung gegenüber, gieriges Handeln im öffentlichen Raum einzudämmen. Dort, wo der Gier zuviel Raum gelassen wird, entfaltet sie Wirkungen, die das Gegenteil von positiver Gewinnorientierung sind.

Risiko ist abgeschafft

Der dritte Eckpunkt des Krisen-Dreiecks hat mit den beiden anderen zu tun, ist aber als eigenständiger Faktor zu bewerten: Dummheit im Gewand der ökonomischen Unvernunft. Die Gesetze der Ökonomie lassen sich nicht aushebeln. Es ist unvernünftig, Finanzprodukte zu kaufen, die nicht einmal der Verkäufer versteht. Es ist unvernünftig anzunehmen, dass Risiken bei Finanzprodukten nicht schlagend werden können. Es ist unvernünftig anzunehmen, dass man auf Dauer mehr ausgeben als einnehmen kann.

Die Gesetze der ökonomischen Vernunft wurden im Vorfeld der Finanzmarkt- und Wirtschaftskrise von den meisten Beteiligten außer Kraft gesetzt. Von Leuten, die es besser wissen müssten, von Leuten, die es besser wussten. Auch hier zeigt sich: Die Verantwortung, Risiken zu thematisieren und zu bewerten, darf man nicht delegieren. Das Wissen um ökonomische Zusammenhänge, aber auch das Einmischen in wirtschaftliches Geschehen sind Bürgertugenden, auf die es ankommt. Die Zeit der selbst verschuldeten ökonomischen Unmündigkeit muss zu Ende sein.

Die Krise des Vertrauens

Verantwortungslose Politik, unbegrenzte Gier und chronische ökonomische Unvernunft waren die Treiber der Finanzmarkt- und Wirtschaftskrise. Diese Treiber sind in unserer Gesellschaft weiterhin aktiv. Was sie antreiben, ist die Vernichtung einer Ressource, ohne die Zukunft nicht möglich ist: Vertrauen. Die Finanz- und Wirtschaftskrise ist eine noch nie dagewesene Vertrauenskrise in die ökonomischen Institutionen. Die Banken vertrauen einander aufgrund der toxischen Papiere nicht mehr, und nun vertrauen sie auch den Unternehmen nicht mehr. Die Folge: Kredite wurden und werden kaum oder nur sehr restriktiv oder zu unglaublichen Konditionen ausgegeben. Bankenhilfspakete wurden vor allem dazu verwendet, die eigene Eigenkapitalbasis zu retten. Was gut ist, aber zuwenig, um die Wirtschaft wieder ins Laufen zu bringen.

Vertrauen braucht Kultur

Die große Lehre aus der Finanzmarkt- und Wirtschaftskrise und dem damit verbundenen Krisenmanagement ist: Vertrauen ist die Ressource, auf die es ankommt. Vertrauen lässt sich weder verordnen noch verschreiben. Vertrauen ist eine Kulturfrage. Vertrauen entsteht dort, wo Freiheit und Verantwortung gleichermaßen gelebt werden. Wo man seine Freiheiten nutzt und die der anderen respektiert, wo man sich selbst und anderen vertrauen kann. Wo Vertrauen herrscht, haben Krisen keine Zukunft.

Krisen nähren sich vom Misstrauen, vom Unvermögen, von der Passivität. Vertrauen ist die Grundlage von „Empowerment", von Selbstveränderung, von Veränderung in Richtung Zukunft. Wer den systematischen Verrat an der Zukunft verhindern will, wer Krisen wirksam entgegentreten oder ihr Entstehen gar erst verhindern will, der muss sich über eine neue Kultur des Vertrauens Gedanken machen.

Wie wir damit aufhören, unsere Zukunft zu verraten, und endlich beginnen, sie durch Vertrauen zu sichern, das möchte ich nachfolgend aufzeigen. Wir müssen unseren Blick dafür schärfen, wie Zukunftsgestaltung möglich ist. Um uns mehr denn je unserer Freiheit bewusst zu sein. Und der Verantwortung, die daraus erwächst.

22

2

MEHR STAAT IST NICHT DIE LÖSUNG

Wenn uns Krisen bedrohen, dann blicken alle erst einmal nach oben. Und kaum in den Spiegel. „Oben", da wacht schließlich Vater Staat über uns. Im Spiegel würden wir uns selbst und unsere Potenziale zur Lösung von Krisen erkennen. Aber das entspricht nicht wirklich unserer gesellschaftspolitischen Kultur.

Betriebssystem „Papa"

„Der Papa wird's schon richten" ist nicht nur ein legendäres Chanson von Gerhard Bronner, sondern ein gesellschaftspolitisches Gestaltungsprinzip. Unser eigentliches Betriebssystem. Wir haben es in den vergangenen Jahrzehnten so gut eingelernt, dass wir gar nicht anders können, als sicherheitshalber nach mehr Staat zu schreien. Wir geben Verantwortung ab. Wir geben damit Freiheit ab. Die staatlichen Fesseln spüren wir nicht, solange wir uns um nichts kümmern müssen. Das wissenschaftliche Urteil der Freiheitsforscherin Ulrike Ackermann gibt Anlass zum Nachdenken: Freiheit wird nicht als Eigenverantwortung, Risikobereitschaft, Selbsttätigkeit und Gestaltungsoption des Individuums begriffen, sondern erschöpft sich weiterhin in der sozialen Sicherheit, die Vater Staat den Bürgern lange Zeit garantieren konnte. Selbst der Preis der staatlichen Bevormundung ist den Bürgerinnen und Bürgern dafür offensichtlich nicht zu hoch, argumentiert sie.

Der Problemverschiebungs-Staat

Ist mehr Staat besser für uns? Schützt uns mehr Staat besser vor Krisen? Die Antwort darauf lautet: Nein. Mehr Staat ist nicht die Lösung. Mehr Staat bietet keinen sicheren Schutz vor Krisen. Mehr Staat ist das Problem.

Sie halten das für eine kühne These in einer Zeit, wo der Staat der letzte Rettungsanker davor ist, dass Banken krachen, Unternehmen von der Bildfläche verschwinden und Menschen ihre Jobs und Ersparnisse verlieren? Ich halte diese These aufrecht. Aus zwei guten Gründen: Die Finanzmarkt- und Wirtschaftskrise hatte ihren Ausgangspunkt in unverantwortlichem staatlichen Handeln. Billiges Geld unkontrolliert auf den Markt zu werfen, um sozialpolitische Ziele zu erreichen, ist unverantwortlich (siehe Kapitel 1). Zweitens: Die Krisentherapie des Staates, nämlich Schulden zu machen, um wahnwitzige Milliarden-Summen in die Wirtschaft pumpen zu können, produziert die nächste Krise. Auf den Punkt gebracht: Vater Staat löst das Problem dadurch, dass er es den nächsten Generationen in die Schuhe schiebt. Der Staat als gewissenloser Problemverschieber – wollen wir das wirklich?

Natürlich steht außer Frage: In der jetzigen Krisensituation gab und gibt es keine Alternative, als gewisse staatliche Schutzschirme aufzuspannen und Sicherheitsnetze einzuziehen. Aber zur Diskussion steht, ob die derzeit praktizierten Krisenbekämpfungen auf Pump in dieser Dimension wirklich sinnvoll sind – und ob wir uns nicht darüber Gedanken machen sollten, wie wir solche Krisen von vornherein vermeiden können.

Guter Staat, böse Wirtschaft?

Die meistbefahrenen Straßen in Krisenzeiten sind Holzwege. Hier sind derzeit viele Politiker und Medien unterwegs. Vor allem jene, welche die Finanzmarkt- und Wirtschaftskrise nutzen, der „bösen" kapitalistischen Wirtschaft eines auszuwischen. Ihre Gleichung: Staat ist gut, Wirtschaft ist schlecht. Diese Gleichung ist einfach. Einfach falsch. Wirtschaftliche Verfehlungen anzuprangern, ist eine Sache. Staatliche Verfehlungen komplett zu ignorieren, eine andere. Gerade in Österreich ist Stimmungsmache gegen die Wirtschaft traditionell populär. In einem Land, in dem den Bürgern über Jahrzehnte eingebläut wurde, der Staat schaffe in Wirklichkeit Arbeitsplätze, ist das auch kein Wunder.

Volkssport Wirtschafts-Bashing

Gerade im Zuge der Globalisierung ist das Wirtschafts-Bashing zum Volkssport geworden. Egal, ob irgendwo „Heuschrecken" unterwegs sind, „soziale Kälte" herrscht, der „Neoliberalismus" eine „Blutspur" zieht oder „heimatlose Großkonzerne" die „Armen immer ärmer und die Reichen immer reicher" machen und staatliche Unternehmen durch Privatisierungen „ausverkauft" und dem Kapitalmarkt „ausgeliefert" werden – die Wirtschaft ist schuld. Solche Argumentationen werden vom gesamten politischen Spektrum vertreten, von ganz links bis ganz rechts. Durch die Finanzmarkt- und Wirtschaftskrise fühlen sich die Staats-Fetischisten nun in ihrer Wirtschaftsfeindlichkeit eindrucksvoll bestätigt. Sie sind mit Vollgas auf dem Holzweg unterwegs. Denn: Je mehr Verantwortung wir an den Staat delegieren, desto sicherer sind Krisen.

Gezüchtete Ansprüche

Wir müssen der Realität ins Auge sehen: Wir haben es mit einer massiven Überforderung des Staates zu tun. Eine Überforderung, die von der Politik systematisch herangezüchtet wurde und wird. „Anspruchsdemokratie" und „Vollkaskogesellschaft" sind das Ergebnis. Die Politik hat den Menschen jahrzehntelang suggeriert, sie gegen jegliches Lebensrisiko abzusichern. Mit dramatischen Folgen: Die Anspruchsspirale an den Staat dreht sich immer weiter nach oben. Ziel wurde es, aus dem Staat soviel Verpflichtungen für den Einzelnen bzw. für gesellschaftliche Gruppen wie möglich herauszuholen. Wer das nicht tut, gilt als dumm.

Die Politik ist in jüngster Vergangenheit wieder in eine Verteilungseuphorie geraten, die uns eigentlich große Sorgen machen müsste. Sorgen, weil dadurch die Handlungsspielräume der nächsten Generationen massiv eingeschränkt werden. Sorgen, weil mit der Käuflichkeit der Wählerinnen und Wähler spekuliert wird – mit jener der Medien ohnehin. Das tut unserem Gemeinwesen alles andere als gut.

Überforderter Staat

Wir stehen heute vor der Situation, dass das Züchten von Ansprüchen den Staat in eine katastrophale Situation gebracht hat: Er ist überfordert, weil er uns unterfordert hat. Er kann seine hochgeschraubten Leistungsversprechen nicht aufrechterhalten. Wer glaubt allen Ernstes, dass unser Gesundheitssystem uns weiterhin alle Leistungen finanzieren kann? Das kann niemand tun, der höhere Lebenserwartung, steigende Anzahl pflegebedürftiger Menschen und dynamischen medizinischen Fortschritt richtig zusammenrechnen kann.

Wer ist tatsächlich der Überzeugung, die Pensionen seien für die nächsten Jahrzehnte gesichert – und garantieren uns unseren Lebensstandard im Alter? Das kann niemand sein, der klar sieht, dass eine schrumpfende Zahl von Beitragszahlern eine stark wachsende Zahl von Beitragsempfängern finanzieren muss.

Wer ist wirklich der Auffassung, eine demografisch alte Gesellschaft würde unsere Wirtschaftsleistung und damit den Wohlstand nicht deutlich nach unten drücken? Das kann niemand so sehen, der Bevölkerungs- und Wachstumsentwicklung integriert betrachtet. Sagen wir es offen und ehrlich: Der Staat ist grenzenlos überfordert. Politiker und Wähler haben ihn gemeinsam in diese Situation gebracht. Sie müssen gemeinsam dafür sorgen, dass wir aus dieser Sackgasse wieder herauskommen. Wir können uns mehr Staat schlichtweg nicht leisten.

Teure Gleichheit

Hinter der systematischen Staatsüberforderung steht ein Werteproblem. Wir haben bestimmte Werte zu sehr betont. Wir haben andere Werte ins Hintertreffen geraten lassen. Konkret: Gleichheit und Sicherheit sind uns mehr wert als Freiheit und Verantwortung. Dass der Wert der Gleichheit so eine prominente Rolle spielt, hat nicht nur politische Hintergründe. Das ist auch ein Tribut an die Neidgenossenschaft, in der niemand mehr haben darf als man selbst. Eine Gesellschaft, in der die Kosten für Politiker-Autos ein größeres Thema sind als die Konsequenzen der Schuldenpolitik für unsere Kinder, ist eine dumme Neidgesellschaft.

Dass der Wert der Sicherheit einen so hohen Stellenwert in unserer Gesellschaft hat, wie auch Umfragen bestätigen, ist eine Reaktion auf die real existierende Risikogesellschaft. Überall lauern Gefahren. Vom Terror bis zur Arbeitslosigkeit. Die Welt ist eben kein Streichelzoo. Allerdings haben wir ein Problem damit, Risiken besser einzuschätzen. Und damit leben zu können, dass mit Risiken nicht nur Vor-, sondern auch Nachteile verbunden sein können. Beispiel Unternehmer: Dass es immer mehr davon gibt, freut uns. Nur scheitern darf keiner. Wer es trotzdem tut, ist gesellschaftlich weg vom Fenster.

Billige Freiheit

Auf der anderen Seite ist es um den Wert der Freiheit auffällig still geworden. Geht es nicht gerade um unsere Wahlfreiheit als Konsumenten, dann sind wir mit unserer Freiheit überaus großzügig.

Lückenlose Videoüberwachung? Warum nicht? Man hat ja nichts angestellt.

Steuer- und Abgabenlasten jenseits der 50 Prozent? Kein Problem, als Angestellter bekommt man ja ohnedies nur das auf das Konto, was übrig bleibt.

Totales Rauchverbot? Na und? Der Staat schützt uns schließlich am besten vor uns selbst.

Die Liste der Beispiele, wo wir unsere Freiheit rasch und gerne abgeben, wird immer länger. Gemeinsam mit der Freiheit hat die Verantwortung an Gewicht in unserer Wertelandschaft verloren. Verantwortung, das war immer schon ein bisschen unpopulär. Das hat man uns schon im zarten Kindesalter beigebracht. Wir haben schnell gelernt, unsere Verantwortung auf andere abzuschieben. Vor allem, wenn wir für Unangenehmes haften hätten sollen.

Vorsicht vor dem „Aufseher" Staat!

Weil wir mit unserer Freiheit immer mehr Verantwortung an den Staat abgegeben haben, sind wir heute – sehen wir der Realität ins Auge – Objekte staatlicher Besachwaltung. Den langen, schwierigen und leidvollen Weg aus der selbst verschuldeten Unmündigkeit halten viele ohnehin für eine Sackgasse. Warum sollten wir uns anstrengen? Soll das doch der Staat tun? Und so rufen wir von der Wiege bis zur Bahre nach staatlicher Versorgung und Aufsicht.

Dass der Staat jedoch ein guter „Aufseher" über unsere Angelegenheiten ist, darf nicht nur nach der Finanzmarkt- und Wirtschaftskrise bezweifelt werden. Der Staat eröffnet in Wirklichkeit neue Spielräume für Verantwortungslosigkeit. Seine Aufsicht hat oft nur Placebo-Charakter. Wir erleben es immer wieder. Und nehmen es leider kommentarlos zur Kenntnis. Was passiert eigentlich mit Managern im öffentlichen Bereich, die ein Unternehmen schlecht führen? Werden sie dafür zur Verantwortung gezogen? Erhalten sie wegen Erfolglosigkeit keine Abfertigung? Nein. Der Staat nimmt es mit der Aufsicht nicht immer so genau.

Wer zuschaut, verliert

Die Relationen sind uns abhandengekommen: Als Supermarkt-Mitarbeiter dürfen Sie es sich heute nicht leisten, Produkte aus einem Regal einzustecken. Ihren Job sind Sie los. Und Ihr Strafregisterauszug ist dann auch nicht mehr so makellos. Wer hingegen 50 Millionen erfolgreich an Steuern hinterzieht, den halten alle für einen klugen Kopf. Das ist ein Alarmsignal für unsere Aufsichts-Kultur.

Das Problem ist klar: Je mehr Verantwortung wir bereitwillig an den Staat abgeben, desto mehr unkontrollierte und schlecht beaufsichtigte Verantwortungsräume schaffen wir. Ein gefährlicher Graubereich und Nährboden für Filz und Korruption. Es liegt an uns, dass wir uns um unsere eigenen Dinge kümmern. Tun wir das nicht, dürfen wir uns über die Konsequenzen nicht beschweren. Wenn wir also einen Teil der Schuld für die Finanzmarkt- und Wirtschaftskrise auf „mangelnde Aufsicht" schieben wollen, treffen wir uns letztlich selbst damit. Wir haben uns nicht genug in unsere eigenen Angelegenheiten eingemischt. Wir haben uns zurückgelehnt, zugeschaut, mitgespielt. Und verloren.

Unterforderte Bürger

Wir haben uns in vielen Bereichen der Verantwortung dafür entledigt, dass die Dinge in die richtige Richtung gehen sollen.

Beispiel Staatsschulden: Wir sind heute nur Zaungäste der milliardenschweren Schuldenpolitik. Schuldenpolitik, die auf unsere Kosten, zu unseren Lasten und zu Lasten unserer Kinder und Kindeskinder betrieben wird.

Beispiel Steuern und Abgaben: Wir lassen es zu, dass uns der Staat unter dem Titel „Umverteilung" den Lohn für mehr als die Hälfte unserer Leistung abnimmt – und uns damit der Freiheit beraubt, in einem größeren Ausmaß selbst zu entscheiden, was wir mit unserem Geld machen. Die Summen[1], die uns der Staat durch Steuern und Abgaben abknöpft, sind dramatisch: Wer 87.000,– Euro im Jahr verdient, arbeitet bis Anfang Oktober eines Jahres für den Staat. Dann erst ist man im Nettobereich und hat was von seinem Geld. Mit 43.000,– Euro ist man bis August im „Staatsdienst" tätig, und wer das österreichische Medianeinkommen von 23.380,– Euro bezieht, der arbeitet bis in den Juli hinein für den Staat. Und erst dann in die eigene Tasche. Die staatliche Enteignungsmaschinerie läuft auf vollen Touren. Dabei ist der Staat – Pensionen, Gesundheitssystem etc. – in immer mehr Handlungsfeldern nicht mehr dazu in der Lage, die versprochenen und von uns gewünschten Leistungen zu erfüllen. In dem Maß, in dem wir den Staat überfordert haben, haben wir uns als Bürgerinnen und Bürger unterfordert.

Glaubensbekenntnis: österr.-staatl.

Wir vertrauen nicht in dem Maß in unsere Leistungs- und Gestaltungskraft, wie wir das sollten. Wir geben unsere Verantwortung für die Gestaltung unserer Gesellschaft ab, weil wir unsere Freiheit an den Nagel gehängt haben. Wir glauben nicht an uns und unsere Potenziale, wir glauben an den Staat.

„Österr.-staatl." sollte eigentlich in jedem Meldezettel als Glaubensbekenntnis stehen. In Krisenzeiten glauben wir besonders fest an den Staat. Wir beten fromm um Haftungen, Garantien und Hilfspakete. Und wundern uns, warum nichts weitergeht. Weil wir nicht gerne der Realität ins Auge

---

[1] *Netto leben in Österreich. Wie lange wir 2007 für den Staat arbeiten mussten (internationales central europa institut wien, 2008)*

schauen, angesichts derer sich unsere Staatsgläubigkeit als Irrglaube von gestern entpuppt. Der Staat ist nicht die Lösung, sondern das Problem.

Wider den Umverteilungs-Wahn

Ein aktuelles Beispiel für den Irrglauben an den Staat ist die hysterische Umverteilungsdebatte, die im Zuge der Finanz- und Wirtschaftskrise wieder ausgebrochen ist. Die Ideologie dahinter: Der Staat schafft Gerechtigkeit. In dem er den „Reichen" etwas wegnimmt und es den „Armen" gibt. Politmarketing der Marke Robin Hood. Die Besteuerung von Vermögen macht's möglich: Die einen haben viel Geld verdient – und die anderen kriegen auch den „gerechten Anteil" davon.

Doch das Märchen vom guten Vater Staat, der den Reichen nimmt und den Armen gibt, hat zahlreiche Haken. Zum Beispiel diesen: Wer schon einmal für sein Geld Steuern bezahlt hat, sollte es nicht noch einmal tun müssen. Das ist so, als wenn man im Supermarkt seine Lebensmittel schon bezahlt hat – und plötzlich vor einer weiteren Kasse steht, wo nochmals Geld für das verlangt wird, was eigentlich schon Teil des eigenen Eigentums ist.

Ein weiterer Haken: Bevor man Wohlstand verteilen kann, muss dieser erst einmal erarbeitet werden. Warum sollen jene, die viel Leistung erbringen, stärker zum Handkuss kommen als andere? Auf diesem Ohr sind die Umverteilungseuphoriker bekanntlich besonders taub. Darüber muss man reden. Auch darüber, dass jeder im Land Steuern und Abgaben zahlen sollte, und sei es nur ein symbolischer Betrag. Dass die Hälfte der Erwerbstätigen keine Steuern zahlt, ist ein gerechtigkeitspolitischer Skandal. Und keine soziale Errungenschaft.

Dazu kommt ein weiteres Problem: Der Umverteilungsstaat hat uns eine Alimentierungsgesellschaft gebracht. Jeder kriegt irgendwas vom Staat. Der eigentliche Gedanke des Sozialstaates, dass der Staat dort temporär Hilfe zur Selbsthilfe leistet, wo eine Notsituation besteht, ist im Alimentierungsstaat vollkommen verloren gegangen. Weil wir so gerne am Tropf des Staates hängen. Weil wir uns so gerne das Märchen vom treusorgenden und gerechten Staat erzählen lassen. Weil wir unsere Freiheit und Verantwortung für unser Leben so leichtfertig an den Staat und seinen Apparat umverteilt haben.

3

WIR BRAUCHEN MEHR FREIHEIT

Mehr Regulierung, mehr Gesetze, mehr Vorschriften, mehr Kontrolle: Ist das die richtige Antwort auf Entwicklungen in der Gesellschaft, die uns nicht gefallen? Können wir uns so lästige Probleme dauerhaft vom Hals schaffen?

Beispiel Videoüberwachung: Das Konzept klingt einfach. Wir machen unsichere Räume dadurch sicher, dass wir sie überwachen. Als braver Bürger muss man dafür sein, da man sich ja selbst nichts zu schulden kommen lässt und nichts – und schon gar nicht vor laufender Kamera – anstellt. Allerdings ist es mit unserer Freiheit, uns frei von staatlicher Aufsicht oder sonstiger Kontrolle bewegen zu können, bei videoüberwachten Orten nicht weit her. Totale Überwachung sichert Kontrolle, nicht aber die Freiheit.

Mehr Staat? Mehr Intervention!

Beispiel Rating-Agenturen: Diese werden, so ein Ergebnis der Finanzmarktkrise, staatlich beaufsichtigt. Es ist unbestritten, dass die Rating-Agenturen kritische Entwicklungen absolut verschlafen oder ignoriert haben. Allerdings: Für die staatlichen Finanzaufsichtsbehörden gilt genau das Gleiche. Und dort, wo die staatliche Finanzaufsicht munter war, hat die Politik geschlafen. Die Finanzmarktaufsicht hatte etwa in Österreich schon 1995 einen Bericht der Nationalbank über mehr als 20 Gesetzesverletzungen durch die BAWAG. Man wusste auch, dass internationale Banken der BAWAG die Kreditlinien gestrichen hatten. Doch reagiert wurde darauf nicht. Warum nicht, bleibt der Interpretation des gelernten Österreichers überlassen.

Wenn nun Rating-Agenturen unter staatlicher Aufsicht stehen, dann bedeutet das nicht bessere Kontrolle, sondern mehr Intervention durch die Politik. Man stelle sich nur vor: Eine Rating-Agentur plant, ein wichtiges Unternehmen oder die staatliche Finanzen herunterzustufen. Jeder Politiker, der sich ernst nimmt, müsste da zum Telefonhörer greifen und intervenieren. Fazit: Mehr staatliche Regulierung bringt nicht bessere staatliche Aufsicht. Sondern wahrscheinlich das Gegenteil.

Keine Grenzen für die Gier?

Beispiel Managergehälter: Staatliche Regulierung ist auch das Top-Thema in Sachen Managergehälter. Und das im Namen des Kampfes gegen die Gier. Es gibt Organisationen und Initiativen, die wollen nicht nur im staatlichen Einflussbereich Managergehälter staatlich regulieren. Sondern auch in der Privatwirtschaft. Das ist absurd. Wer Gehälter und Einkommen deckelt, deckelt Leistungen. Wer das Gesetz von Angebot und Nachfrage bei den Einkommen ignoriert, bekommt nicht die besten, sondern die billigsten Kräfte. Staatliche Deckelung von Gehältern und Einkommen ist definitiv Unfug.

Mehr Freiheit zum Gewinn

Worüber man sich hingegen dringend unterhalten muss, ist, ob das Anreizsystem stimmt. Wofür bezahlen wir Manager? Für kurzfristige oder mittel- und langfristige Erfolge? Woran messe ich den Erfolg? Nur am Aktienwert? Schafft das Anreize für Gier? Oder geht es um die Erfüllung von vorab definierten Leistungszielen? Die Bezahlung von Managern ist Sache des Eigentümers eines Unternehmens. Jeder Eigentümer kann und muss selbst entscheiden, was ihm welche Leistung wert ist. Der Staat kann Gier nicht durch staatliche Regulierung von Gehältern bekämpfen, sondern nur durch ein Anreizsystem, das gierige Manager zu Verlierern macht (mehr darüber im nächsten Kapitel). Fest steht jedenfalls: Die Freiheit zum Gewinnemachen darf nicht kleiner werden, im Gegenteil: Sie muss größer werden.

Mehr Leistung? Mehr Freiheit!

Auch, wenn die gewerkschaftlichen und kirchlichen Kapitalismuskritiker ihre „Neoliberalismus"-Keulen schon ausgepackt haben: Die wirtschaftliche Freiheit ist eine wichtige Dimension politischer und individueller Freiheit. Je mehr wir davon haben, desto besser. Mehr Freiheit schützt uns besser vor Krisen. Wer für einen wirksamen Sozialstaat ist, wer für ein verlässliches Gesundheitssystem eintritt, wer für soziale Sicherheit im Alter ist, der muss auch für mehr wirtschaftliche Freiheit sein. Denn mehr wirtschaftliche Leistung gibt es nur bei mehr wirtschaftlicher Freiheit.

Politische Zuhälterei

Umgekehrt ist klar: Sinkt unsere wirtschaftliche Leistung, weil die Menschen mangels wirtschaftlicher Freiheiten Potenziale nicht nutzen können, dann steht auch weniger Geld für staatliche Verteilungszwecke zur Verfügung. Deswegen ist das Vordringen des Staates in die Wirtschaft ein echtes Problem. Wenn sich der Staat nach erfolgter „Krisenbekämpfung" rasch wieder zurückzieht und die staatliche Intervention temporär beschränkt bleibt – o. k. Wenn die Politik aber wieder auf den Geschmack kommen sollte und in Unternehmen präsent bleibt, dann ist klar: Entscheidungen fallen in diesen Unternehmen nicht nach wirtschaftlichen, sondern nach politischen Kriterien. Und das bedeutet: Die wirtschaftliche Dynamik dieser Betriebe wird gering sein. Geringer, als sie sein könnte. Die Verstaatlichte lässt grüßen.

Zur Erinnerung: Die Verstaatlichte, das waren jene Industriebetriebe, bei denen der Bundeskanzler dem Management sagte, welche Entscheidungen zu treffen seien – nachdem er sich zuvor „fachkundigen" Rat beim Betriebsrat geholt hatte. Daher: Verteidigen wir die Freiheit der Wirtschaft gegen ihre vermeintlichen Beschützer. Gegen ihre brutalen politischen Zuhälter.

Freiheit lohnt sich

Gerade in Krisenzeiten ist es wichtiger denn je, die Freiheit und insbesondere die wirtschaftliche Freiheit zu sichern. Wirtschaftliche Freiheit ist die Grundlage für Leistung und Innovation. Und Innovation ist die einzige Zukunftsversicherung, die es heute im globalen Wettbewerb gibt. Eine Kultur der Freiheit ermöglicht uns die Offenheit für das Neue und die Entfesselung des kreativen Potenzials in unserer Gesellschaft, auf die es mehr denn je ankommt.

Ein kleines wissenschaftliches Rechenbeispiel zum Thema Entfesselung von Kreativität: Hätte der Grad an Kreativität im Jahr 2008 im Durchschnitt aller Branchen um zehn Prozent angehoben werden können, dann würde sich unsere Wirtschaftsleistung (nominelles BIP) von für das Jahr 2030 nach bisherigen Berechnungen prognostizierten knapp 600 Milliarden Euro auf etwa 680 Milliarden Euro erhöhen[2]. Mehr Freiheit lohnt sich für uns in jeder Hinsicht.

Und angesichts einer Staatsquote von aktuell 48,2 Prozent steht fest: Das ungenutzte Freiheitspotenzial in unserer Wirtschaft ist groß. Wir sollten es nutzen, in dem wir die richtigen Anreize dafür geben: Steuern senken, Arbeit entlasten, Vorschriften und Regeln für wirtschaftliches Handeln entrümpeln, staatliche Leistungen jenseits des staatlichen Kerngeschäfts dem Wettbewerb stellen, fairer Rahmen für freien Wettbewerb statt Monopole und Oligopole – die Freiheitsagenda in unserem Land ist lang.

Gefährliche Freiheit?

Zu einer neuen Kultur der Freiheit gehört es, sich mit den weit verbreiteten Ressentiments gegenüber der Freiheit auseinanderzusetzen. Warum ist der Ruf nach mehr Freiheit so unbeliebt? Das Misstrauen gegenüber der Freiheit liegt wohl darin begründet, dass Freiheit zwar die Gelegenheit bietet, „gut" zu handeln, dass sie ihren Namen jedoch nur dann verdient, wenn sie auch die Möglichkeit gibt, „schlecht" zu handeln.

Wir haben die Freiheit, uns ausgewogen und gesund zu ernähren. Wir haben aber auch die Freiheit, uns mit Kalorienbomben vollzustopfen.

Wir haben die Freiheit, gute Geschäfte mit guten

[2] *METIS – Institut für ökonomische und politische Forschung: Kreativität und Innovation, 2008 (http://www.metis.ac.at)*

Produkten zu machen. Wir haben aber auch die Freiheit, gute Geschäfte mit weniger guten Produkten zu machen.

Wir haben die Freiheit, langfristig zu planen. Wir haben aber auch die Freiheit, kein Morgen zu kennen.

Aber natürlich gilt: Alles, wofür wir uns entscheiden, hat seinen Preis. Schlechte Ernährung schadet nicht nur uns, sondern auch dem Gesundheitssystem. Schlechte Produkte schaden unserem Image und dem Image unserer Branche – das reduziert künftige Gewinnaussichten. Ausschließlich kurzfristige Planung schadet unserer (geschäftlichen) Zukunft. Die Kostenwahrheit der Freiheit muss also gesichert sein.

Unbequeme Freiheit?

Ein weiteres Motiv, warum wir der Freiheit nicht jenen Raum zugestehen, den sie verdient hat, ist: Freiheit ist unbequem. Freiheit ist nie ein weiches Kissen, auf dem man sich ausruhen oder passiven Genüssen hingeben kann. Sie ist immer eine Herausforderung zur Aktivität, schreibt Ralf Dahrendorf.

Freiheit erfordert, dass wir uns mit unserer Umgebung und unserer Rolle darin auseinandersetzen. Schauen wir weg? Oder schauen wir hin? Schauen wir zu? Oder handeln wir? Unternehmen wir etwas oder unterlassen wir es lieber? Im Wissen, dass alles, was wir tun oder nicht tun, Konsequenzen hat. Unsere Freiheit ermöglicht es uns, Dinge zu probieren. Darin sind sich Freiheits-Befürworter und Freiheits-Kritiker einig. Damit Erfolg zu haben, betonen Freiheits-Befürworter. Oder uns zu irren und zu scheitern, wollen Freiheits-Kritiker das letzte Wort haben. Und diesen Irrtum wieder zu korrigieren und neue Erfolge möglich zu machen, stellen Freiheits-Befürworter klar. So funktioniert unsere Wirtschaft, das treibt unser Wachstum an. Und deswegen ist es auch in Krisenzeiten der falsche Weg, der wirtschaftlichen Freiheit so enge staatliche Grenzen wie möglich zu setzen.

Wir sollten der Freiheit wieder mehr vertrauen. Es ist richtig, die Freiheit braucht Grenzen, damit sie sich wirklich lohnt. Aber für diese notwendige Begrenzung der Freiheit gibt es ein besseres und vor allem freiheitsverträglicheres Mittel als den staatlichen Zwang: die Verantwortung. Weniger Zwang, mehr Verantwortung: Das stärkt uns auch in schwierigen Situationen.

Tugendwächter? Nein, danke!

Lassen wir Freiheitsforscherin Ulrike Ackermann zu Wort kommen: Der größte Schatz unserer Zivilsationsgeschichte ist die individuelle Freiheit, die von der politischen geschützt wird. Jeder und jede kann sie auf ureigenste Weise ausschöpfen, schreibt sie, ob als zurückgezogener Rosenzüchter, politisch engagierter Bürger, leidenschaftliche Musikerin, gläubiger Tapezierer, atheistischer Koch, aufopfernder Vater, kämpferische Dichterin oder akribischer Hausmeister. Die westliche Zivilisation hat die Bedingungen dafür geschaffen. Sie hat Menschen hervorgebracht, die aufgrund ihrer Kapazitäten in der Lage sein können, mündig und zugleich ihrer Abgründe bewusst, ein autonomes und unabhängiges Leben zu führen, ohne dabei dem Zwang zur Autonomie zu unterliegen. Wir können unsere Freiheit zum Guten wie zum Bösen nutzen. Die Ambivalenzen und Widersprüche, in die sie uns verwickelt, kann uns jedoch niemand abnehmen, die müssen wir schon selbst aushalten. Aber wir sind so erwachsen geworden, dass wir keine Tugendwächter brauchen, weder den Staat noch eine Ideologie, die uns moralisch oder politisch vorschreibt, wie wir zu leben haben und wie unser Glück auszusehen hat, argumentiert Ackermann.

Die Rückkehr der Knechtschaft

Es geht aber um mehr als um Tugendwächter und moralische Überheblichkeit. Es geht darum, dass wir die kurze Erfolgsgeschichte der Freiheit durch unsere Staatssucht ruinieren. Der Weg zu mehr Freiheit hat Jahrhunderte gedauert. Die Befreiung aus dem Feudalsystem, das Ende der Abhängigkeit von Adel und gottgnädigen Herrschern, Revolutionen, die unter dem Ruf nach Freiheit in Terror mündeten: Der Kampf für Freiheit und Unabhängigkeit war lange, blutig und schmerzhaft. Aber er war nicht umsonst. Er war erfolgreich. Er hat uns nach den Verwerfungen des 20. Jahrhunderts Freiheitsräume und Freiheitschancen eröffnet, von denen die Menschen lange Zeit nicht einmal zu träumen wagten.

Jetzt stellen wir die Geschichte der Freiheit in Frage. Wir sind am Weg in eine neue Knechtschaft. In die Knechtschaft des Staates, in den wir wieder all unsere Hoffnungen setzen. Wir bedanken uns sogar bei Wahlen artig dafür, dass der Staat einen Großteil unseres Einkommens beansprucht, dass er unseren Lebensstil und unser Konsumverhalten normiert, dass er unsere wirtschaftliche Freiheit in bürokratische Ketten gelegt hat. Wir sind dressierte Staats-Diener.

Null Toleranz für staatlichen Zwang

Der Blick in die Geschichte hilft uns, unser Verständnis

von Freiheit zu schärfen. Was ist der Kern der Freiheit? Bürgerliche, politische und wirtschaftliche Freiheit meinte immer Freiheit von staatlichem Zwang. Die Geschichte der Freiheit war immer eine Geschichte der Begrenzung des Einflusses „von oben" auf den Einzelnen. Und wenn dem Staat schon Zugriffsrechte auf den Einzelnen zugestanden wurden, dann ging es immer darum, diesen Zugriff durch das Recht zu kontrollieren und beeinspruchen zu können. Das ist Sinn und Zweck des Rechtsstaates. Das schützt unsere Freiheit.

Diese Freiheit „von" ermöglicht uns die Freiheit „zu" etwas. Diese Freiheit geht allerdings niemand etwas an. Wozu wir frei sein wollen, dass ist unter Beachtung der Freiheitsgrenzen anderer allein unsere Sache. Und nicht die des Staates. Dessen müssen wir uns wieder mehr bewusst werden. Denn nur mit mehr Freiheit können wir unsere Lebenschancen nutzen.

Schleichende Gefahren für die Freiheit

Es ist gut und richtig, dass es heute viele gibt, die vor „importierten" Freiheitsbeschränkungen durch Kulturen und Religionen warnen. Dies ist in der Tat eine massive Herausforderung unserer Kultur der Freiheit, die wir nicht hinnehmen dürfen. Der Rechtsstaat muss stärker bleiben als das vermeintlich göttliche Gesetz und seine menschenverachtenden Ausformungen, wie Zwangsehen oder geschlechtsspezifische Verstümmelungen im Namen der Kultur und Religion.

Es ist aber mindestens genauso notwendig, vor jenen schleichenden Freiheitsbeschränkungen zu warnen, die durch das Zurück in die staatliche Knechtschaft entstehen. Auch hier darf es keinen Schritt zurück auf Kosten unser aller Lebenschancen geben.

Zukunft ohne Freiheit

Das staatliche Zwangskorsett wird gerade jetzt unter dem Titel „Krisenbekämpfung" immer enger. Die Luft zum freien Atmen wird knapp. In vielen Bereichen unseres Lebens. So sieht sie aus, unsere Zukunft ohne Freiheit:

- Der Anteil unseres frei verfügbaren Einkommens wird weiter drastisch sinken. Die Steuer- und Abgabenlast wird wegen der sündteuren Anti-Krisen-Pakete wachsen. Wenn uns nicht mehr als 50 Prozent unseres Einkommens nach Abzug von Steuern und Abgaben überbleibt, dann ist unsere Freiheit nur mehr die Hälfte wert.

- Mit wachsender Staatsdominanz erleben wir noch mehr Gleichmacherei. Denn für den Staat gibt es zwischen Gerechtigkeit und Gleichheit keinen Unterschied. Mehr Gleichheit bringt mehr Gerechtigkeit, das ist das Credo der Staatsfetischisten. Das Gegenteil ist der Fall: Undifferenzierte Gleichmacherei reduziert die Chancen des Einzelnen, seine Lebenschancen frei zu nutzen. Genau das wäre aber gerecht. Wenn man seine Lebenschancen nicht frei nutzen kann, mündet das in mehr Chancenlosigkeit statt in mehr Chancengleichheit.

- Mit wachsendem Staatseinfluss werden gesellschaftliche und wirtschaftliche Räume für Innovation schrumpfen. Der Staat schätzt Normen, aber keine

Experimente. Und keine Verschiebung von Grenzen im Namen der Zukunft. Genau das bringt uns aber weiter. In Wissenschaft und Wirtschaft. Innovation ist die einzige Zukunftsversicherung, die wir haben. Mehr Staatseinfluss heißt mehr Regulierung – und weniger Freiräume für das Neue, Andere, Bessere.

- Mehr Staatseinfluss heißt in der Folge weniger Wachstum. Die Wachstumsraten der Zukunft werden dank Finanzmarkt- und Wirtschaftskrise ohnehin bescheiden ausfallen. Je mehr der Staat vom Wirtschaftsleben kontrolliert, je weniger Innovation möglich ist, desto geringer fällt das Wirtschaftswachstum aus. Unsere wirtschaftliche und in der Folge persönliche Freiheit wird darunter massiv leiden.

- Mehr staatliche Regulierung heißt aber auch, dass wir auf Schritt und Tritt überwacht werden. Dafür sorgen unter anderem Video-Überwachung und Vorratsdatenspeicherung. Der Staat kontrolliert unser reales Leben und unsere digitalen Spuren. Er verknüpft beides und macht unsere Freiheit gläsern. In welche Hände unsere Daten kommen, ist unsicher. Denn der Staat ist als Aufseher von Daten ebenso unzuverlässig wie als Aufseher über unsere Freiheit.

Um unsere Freiheit müssen wir uns wieder selbst kümmern. Ihre Grenzen darf nicht der Staat bestimmen. Sondern unsere Verantwortung.

4

WIR BRAUCHEN MEHR VERANTWORTUNG

Früher durften wir alle vier Jahre unsere Stimme in der Wahlurne versenken. Jetzt nur mehr alle fünf Jahre. Das Problem ist aber das gleiche geblieben. Und wir fallen jedes Mal darauf hinein. Soziale Sicherheit? Das wählen wir! Keine großen Veränderungen? Da sind wir dafür! Ein kleines Wahlzuckerl für dich und mich? Man gönnt sich ja sonst nichts!

Die großartigen Wahlversprechen der Politik – bizarrer Höhepunkt waren die Wochen vor der Nationalratswahl 2008, in denen alles und jedes versprochen und beschlossen wurde – haben ein Ziel: Das kurzfristige Maximieren von Stimmen. Der eigentliche Sinn von Wahlen, das mittel- und langfristige Gestalten von Zukunft, interessiert offenbar niemand mehr. Dass die Schulden von heute die Steuern von morgen sind, vergessen wir leider immer wieder. Dass es keine kostenlosen Wahlzuckerln gibt auch. Und dass wir das, was uns zwecks kurzfristiger Stimmenmaximierung versprochen wird, selbst zulasten unserer Zukunft berappen müssen, verdrängen wir einfach. Dazu kommt, dass die Kurzfristigkeit politischen Handelns durch die immer krampfhaftere Orientierung der Parteien an der vermeintlich wahlentscheidenden Gruppe der älteren Menschen potenziert wird. Mittel- und langfristiges politisches Handeln ist keine Kategorie. Fazit: Unser politisches Anreizsystem fördert, was uns auf Dauer schadet.

Das Rattenproblem

Die Frage, wie falsche Anreize wirken, soll ein kleines Beispiel beantworten: In der Stadt herrscht eine Rattenplage. Der Bürgermeister reagiert und setzt eine Kopfprämie auf jedes getötete Tier aus. Die kommunalen Kammerjäger stellen sich der Herausforderung mit Freude. Sie liefern nicht nur getötete Ratten ab und kassieren dafür die Prämien. Sie züchten neue Ratten. Damit das gute Geschäft auch in Zukunft gesichert ist. Ergebnis: Das eigentliche Problem besteht weiter.

Falsche Anreize

Wer trägt dafür die Verantwortung? Der Bürgermeister, weil er den falschen Anreiz für die falsche Zielgruppe gesetzt hat? Oder die Kammerjäger, weil ihr Verhalten der Intention des Bürgermeisters zuwiderläuft, obwohl es doch ökonomisch ganz rational ist? Das Ratten-Beispiel zeigt, was passiert, wenn wir unserer Verantwortung nicht nachkommen. Der Bürgermeister hätte zum Beispiel die Verantwortung, den richtigen Anreiz für die Lösung der Rattenplage zu setzen. Die Kammerjäger hätten die Verantwortung, die Problemlösung nicht zu unterlaufen, sondern ihren Beitrag zu liefern. Ein Beispiel, das an der Realität vorbeigeht? Ganz und gar nicht.

Gierige Manager und Rattenjäger im gleichen Boot

Zwischen gierigen Managern und Ratten züchtenden Kammerjägern besteht kein Unterschied. Beiden ist ihre Verantwortung zur Lösung eines Problems – jenseits des eigenen Einkommens – vollkommen egal. Beide verhalten sich innerhalb eines Anreizsystems absolut systemkonform. Die Ratten züchtenden Kammerjäger wie die Werte vernichtenden

Wirtschaftsakteure. Die Kammerjäger denken nicht daran, dass die von ihnen kultivierte Rattenplage das Problem für die Stadt nur größer macht. Die gierigen Manager denken nicht daran, dass die ausschließliche Orientierung am Aktienkurs den nachhaltigen Bestand des Unternehmens gefährden könnte. Sie erhalten auch keine Anreize dazu, sich anders zu verhalten. Würden die Kammerjäger nach klügeren Anreizen gratifiziert werden – etwa der dauerhaften Lösung des Rattenproblems –, dann würden sie sich besser auf ihre Kernaufgabe konzentrieren. Würden Manager nach anderen Erfolgskriterien als nur der kurzfristigen Entwicklung des Aktienkurses gratifiziert werden, dann hätten sie den sicheren Bestand des Unternehmens im Fokus. Und nicht hochriskante Finanzgeschäfte, die schnelles Geld und damit kurzfristig Gewinn versprechen. Wird die wirtschaftliche Freiheit nur in den Dienst der extrem kurzfristigen Gewinnmaximierung gestellt, dann sind ernsthafte wirtschaftliche Probleme für Unternehmen vorprogrammiert.

Ein alternatives Gehaltskonzept

Das Problem der gierigen Manager und der Ratten züchtenden Kammerjäger bringt die Herausforderung auf den Punkt: Wir brauchen auf der einen Seite möglichst viel Freiheit, damit ökonomischer – und in der Folge sozialer – Gewinn möglich ist. Doch diese Freiheit muss begrenzt sein, um nicht kontraproduktive Folgeeffekte zu produzieren. Um nicht die Voraussetzungen des eigenen Erfolges zu gefährden. Freiheit ist ohne Verantwortung eine halbe Sache. Und für das Wahrnehmen von Verantwortung braucht es auch die richtigen Anreize. Sich gegenseitig gut zureden ist zuwenig.

Wie könnte der Kampf gegen die Manager-Gier im Namen von Freiheit und Verantwortung aussehen? Wie lässt sich die Gier in die richtigen Bahnen lenken?

1. Die besten Köpfe müssen bestmöglich bezahlt werden – daher kann es keine staatliche Gehaltsdeckelung geben.
2. Die Leistungskomponenten im Gehaltssystem müssen jedoch ein Anreizsystem abbilden, das wirtschaftliche Substanz repräsentiert. Dem Aktienkurs Flügel zu verleihen, kann daher nicht das einzige Erfolgskriterium sein.
3. Für die variablen Teile des Gehalts sind Erfolgsparameter festzulegen, die man nicht in Quartalen, sondern über einen Zeitraum von drei bis fünf Jahren – im Idealfall die Bestellungsperiode – misst. Und erst dann wird abgerechnet.

Ein solches Gehaltssystem würde die Verantwortung für mittel- und langfristiges Wirtschaften fördern.

Wo bleiben die Eigentümer?

Wer solche Gehaltskonzepte einführt? Die Eigentümer des Unternehmens. Auch für sie gilt: Sie müssen im Interesse substanzieller wirtschaftlicher Erfolge ihre Eigentümerverantwortung konsequent wahrnehmen. Auch sie dürfen sich nicht von schönen Zahlen in Quartalsberichten blenden lassen. Die Wirtschaftskrise ist auch eine Eigentümerkrise. Nicht nur die Gier der Manager, auch die Verantwortungslosigkeit der Eigentümer muss zum Thema gemacht werden.

Die Eigentümer eines Unternehmens schweben nicht

im luftleeren Raum. Es gibt auch andere Interessen am Unternehmen, die bei Entscheidungen zu berücksichtigen sind: Stakeholder, wie Mitarbeiter, Gemeinden, Zulieferer, Partner, haben ebenfalls legitime Anliegen, die von Eigentümern in wirtschaftliche Entscheidungen mit einzubeziehen sind. Sie tragen Mitverantwortung für den Erfolg des Unternehmens oder sind vom Unternehmen abhängig.

Kein Unternehmen gehört sich selbst

Eigentümerinteressen muss es natürlich auch im öffentlichen Sektor geben. Auch sie müssen entwickelt und klar artikuliert werden. Es ist kein Wunder, dass Unternehmen, die „sich selbst" gehören – wie der ORF –, in finanzielle Krisen schlittern. Wenn niemand die Eigentümer-Verantwortung wahrnimmt, wird ein solches Unternehmen Spielball anderer Interessen. Das wiederum wirkt sich, wie die Erfahrung zeigt, meist nicht sehr positiv auf Erfolg und Bestand aus.

Vor seiner Eigentümerrolle darf sich auch der Staat nicht drücken. Diese Eigentümerrolle der öffentlichen Hand bedarf auch des Muts zu unpopulären Maßnahmen, wenn dies notwendig ist. Schönwetter-Eigentümer sind nicht krisenfest. Klare Leitlinien, klare Werthaltungen, klare Perspektiven: Das müssen Eigentümer ihrem Management mitgeben.

Management braucht Werte

Wie Eigentümer verantwortungsbewusst mit ihrem Eigentum umgehen und werteorientierte Vorgaben an ein Management geben, dafür ist die Kongregation der Barmherzigen Schwestern vom heiligen Vinzenz von Paul ein interessantes Beispiel. Ihre Krankenhäuser waren gegründet worden, um Kranken und Bedürftigen zu helfen und damit dem christlichen Glauben realen Ausdruck zu verleihen.

Die Kongregation brachte ihre Ordensspitäler 1995 in eine Holding ein, die heutige Vinzenz Gruppe Krankenhausbeteiligungs- und Management GmbH. Sie übergab die Führung der Krankenhäuser in die Hände professioneller Manager. Mit mehr als 4.700 Mitarbeitern und rund 2.200 Spitalsbetten stellt die Vinzenz Gruppe heute den größten privaten Eigentümer von öffentlichen Krankenhäusern im Gesundheitswesen Österreichs dar.

Das Management orientiert sich an den Werten, die hinter der Krankenhausgründung stehen, und hat die Aufgabe, diese für Mitarbeiter und Patienten erlebbar zu machen. Der Erfolg ist bemerkenswert. Ein besonderes Beispiel, das zeigt, wie wichtig es ist, dass Eigentümer dem Management klare Aufträge jenseits des Gewinnemachens und der Beflügelung der Aktienkurse mitgeben. Und: Es ist nicht nur wichtig, es ist auch möglich.

Freiheit braucht Verantwortung

Die Wirtschaftskrise hat es klar gezeigt: Freiheit braucht Verantwortung. Freiheit ohne Verantwortung hat keinen Bestand. Wir müssen daher in Wirtschaft und Gesellschaft Freiheit und Verantwortung neu buchstabieren. Verantwortung für sich selbst, Verantwortung für die Gesellschaft, Verantwortung für wirtschaftlichen Erfolg.

Schon Ludwig Erhard, der politische Ahnvater der Sozialen Marktwirtschaft, wusste um die Bedeutung der richtigen Anreize für Verantwortung: Eine Soziale Marktwirtschaft kann nicht gedeihen, wenn die ihr zugrunde liegende geistige Haltung – also die Bereitschaft, für das eigene Schicksal Verantwortung zu tragen und aus dem Streben nach Leistungssteigerung an einem ehrlichen freien Wettbewerb teilzunehmen – durch vermeintliche soziale Maßnahmen auf benachbarten Gebieten zum Absterben verurteilt wird.

Entscheidend ist jedenfalls der direkte Zusammenhang zwischen Freiheit und Verantwortung: Ohne substanzielle Freiheit und die Verwirklichungschancen, etwas Bestimmtes zu tun, kann jemand nicht die Verantwortung dafür tragen, was er tut. Wo man jedoch wirklich die Freiheit und die Verwirklichungschance besitzt, etwas Bestimmtes zu tun, hat man auch die Pflicht, sich zu überlegen, ob man es tun soll oder nicht. Genau das erfordert persönliche Verantwortung. Freiheit als notwendige Bedingung der Verantwortung.

Was heißt das konkret? Es muss auf der einen Seite weniger Anreize geben, Verantwortung zu delegieren. Ein arbeitsloses Grundeinkommen, wie es manche fordern, würde etwa die Verantwortung für Selbsterhaltung ausschalten. Es muss auf der andere Seite mehr und richtige Anreize geben, Verantwortung zu tragen. In der Wirtschaft, im Arbeitsleben, in der Gesellschaft. Damit Verantwortung kein leeres Schlagwort und kein hohler Appell bleibt.

Verantwortung macht Sinn

Verantwortung – als notwendiges Komplement von Freiheit – berührt, auch das sei angesprochen, existenzielle menschliche Fragen. Der ehemalige „Welt am Sonntag"-Chefredakteur Christoph Keese betont in seinem Buch „Verantwortung jetzt", dass wir mit der gezielten Übernahme von Verantwortung der Rat- und Hilflosigkeit entgegenwirken können.

Wir können lernen, wieder besser für uns selbst zu sorgen. Wenn wir das Selbstbewusstsein entwickeln, mehr zu wagen und für uns und andere einzustehen, kommen wir der Lösung unserer Probleme ein Stück näher. Verantwortung bedeutet, dass wir mehr entscheiden können, dass wir unser Leben und unsere Gemeinschaft aktiv gestalten. Mehr Verantwortung muss nicht unbedingt als Last empfunden werden. Sie bietet die Chance auf mehr Selbstbestimmung und ein reicheres Leben. Verantwortung ist ein Schlüssel zum Glück, argumentiert Keese. Auch so kann und muss man die Rolle der Verantwortung in unserem Leben sehen.

Bessere Zukunft durch mehr Verantwortung

Verantwortung ist der Schlüssel für eine positive Dynamik in Wirtschaft und Gesellschaft. Verantwortung ist die Antwort auf einen Sozialstaat von gestern, dessen Zielobjekte allesamt behindert, bedürftig, krank, passiv und defizitär sind. Verantwortung ist die Strategie für eine bessere Zukunft.

Beispiel Gesundheitssystem: Bisher war das medizinische Versorgungssystem ein Reparatursystem. Prävention wurde kleingeschrieben. Wollen wir weiterhin dafür zahlen, dass andere an ihrer Gesundheit Raubbau betreiben? In Zukunft soll jeder mehr aktive Verantwortung für den Erhalt seiner eigenen Gesundheit tragen. Auch die Arbeitgeber stehen in der Verantwortung, die Gesundheit ihrer

Mitarbeiter zu sichern bzw. zu verbessern. Das Anreizsystem dafür muss erst geschaffen werden: Positive Anreize gibt es für alles, was Gesundheit fördert. Negative Anreize gibt es für alles, was Gesundheit schädigt. Wer nicht regelmäßig zum Zahnarzt zur Kontrolle geht, soll bei deshalb notwendig gewordenen Reparaturen mehr zahlen. Wer regelmäßig geht, soll günstiger versorgt werden. Eigenverantwortung ist der beste Garant für die eigene Gesundheit.

Beispiel Bildung: Unser Bildungssystem erzieht zum Nachsagertum. Es fördert die Reproduktion von Wissen. Das ist zuwenig. Die eigenverantwortliche Produktion von Wissen muss am Programm stehen. Das fordert und fördert Innovationskraft. Auch die Verantwortung für die Förderung von Hochbegabten wird nicht wahrgenommen. Stattdessen steht bildungspolitische Gleichmacherei am Programm. Dabei nimmt man durch eine Hochbegabtenförderung anderen jungen Leuten nicht Chancen, man sichert sie ihnen. Weil die Hochbegabten (Innovations-)Leistungen erbringen, die neue Chancen für andere eröffnen. Ein verantwortungsvolles Bildungssystem fördert daher Hochbegabte gezielt. Ein verantwortungsvolles Bildungssystem ermöglicht auch mehr soziale Mobilität. Dass die Studierenden in den vergangenen Jahrzehnten als Angehörige der „middle class" unter sich blieben und es nicht gelungen ist, die Universitäten für Aufsteiger von unten zu öffnen, ist verantwortungslos. Studiengebühren, die zur Verbesserung der Studienbedingungen eingesetzt werden, und ein wirksames Stipendiensystem sind Ausdruck eines verantwortungsvollen Bildungssystems. All das fördert und ermöglicht es, Eigenverantwortung für Bildung wahrzunehmen.

Beispiel Arbeitsmarkt: Bei Arbeitsmarktproblemen erstmal daheim abzuwarten und wieder „einsteigen", wenn das AMS eine Schulung vorschreibt oder die Konjunktur anspringt – das war gestern normal, das kommt leider auch heute vor. Das dürfen wir uns nicht mehr leisten. Künftig ist jeder für seine Beschäftigungsfähigkeit selbst verantwortlich. Investitionen in die eigene Bildung müssen so normal werden wie Investitionen in den Urlaub. Dafür braucht es von Betrieben und Staat die richtigen Anreize wie zum Beispiel Bildungsdarlehen. Der eigene Arbeitsplatz ist Grundlage für die eigene Existenz – es ist die eigene Verantwortung, auf den Wert der eigenen Arbeitskraft zu schauen und deren Wert ständig weiterzuentwickeln.

Beispiel Pensionen: Bisher hat das staatliche Umlageverfahren auch den Lebensstandard finanziert. Sollen die immer weniger werdenden jungen Menschen für den Lebensstandard der immer größer werdenden Anzahl älterer Menschen schuften? Wohl kaum. Für den Lebensstandard wird man selbst Verantwortung wahrnehmen müssen. Mit entsprechenden Vorsorgeinstrumenten wie zum Beispiel Vorsorgewohnungen oder Lebensversicherungen. Man muss sich entscheiden, ob man in frühen Lebensjahren zulasten des Konsums im Alter mehr konsumieren möchte oder ob man umfassender ansparen möchte, um sich Konsum oder Betreuungsleistungen leisten zu können. Wer sich entscheidet, der übernimmt für sich selbst Verantwortung – für sein Lebenseinkommen und für seinen Wohlstand.

Verantwortung statt Vollkasko

Kann man das alles den Menschen überhaupt zumuten?

Ja, natürlich. Die eigentliche Zumutung im negativen Sinn sind ja die uneinlösbaren Versprechen des Vollkaskostaates. Etwa das Versprechen, dass es Wohlstand gibt, ohne dass man sich dafür anstrengen muss. Dass es dauerhaftes Wachstum gibt, ohne dass dafür mehr Leistung notwendig wäre. Dass alle neuen „gesellschaftlichen Bedürfnisse" sofort befriedigt werden können.

Der Alles-Sofort-Vollkaskostaat wurde zur säkularen Heilslehre. Ihre Botschaft: Glaube an den Vollkaskostaat, halte dich an alle Regeln, die dir auferlegt werden, falle durch Kritik am System nicht unangenehm auf – und du wirst bis an das Ende deiner Tage als Pensionär rundum versorgt werden. Amen.

Der Ausblick vom Gipfel ohne mühsamen Aufstieg. Das Erfüllen vieler Wünsche auf Knopfdruck. Das schöne Leben ohne Sorgen und ohne Feinde. Das suggeriert uns die Heilslehre des Vollkaskostaates.

Von dieser „Religion" konnten wir uns schon im Schulunterricht nicht abmelden. Sie prägt unsere Institutionen vom Scheitel bis zur Sohle. Und sie ist in jeder Hinsicht verantwortungslos. Denn die Versprechen der Vollkaskogesellschaft lassen sich nicht einhalten. Sie sind mündigen Bürgerinnen und Bürgern nicht länger zumutbar. Denn diese sollten den großen Nutzen von mehr Verantwortung erkennen können: Wer sich mehr um sich selbst kümmert, der sichert nicht nur seine eigene Freiheit und Handlungsfähigkeit. Er sichert auch Freiheit und Handlungsfähigkeit für andere – heute und für die Zukunft.

Eigenverantwortung nicht abwürgen

Wir brauchen eine neue Verantwortungskultur. Freiheit und Verantwortung müssen neu und besser verteilt werden. Das staatliche Abwürgen von Eigeninitiative – wie es im Zuge der Wirtschaftskrise verstärkt gefordert wird – war, ist und bleibt falsch. Denn es verhindert, dass wir Verantwortung für uns selbst übernehmen und Vertrauen in unsere Zukunft entwickeln. Eine neue Verantwortungskultur verlangt ein partnerschaftliches Verhältnis zwischen Bürger und Staat, kein hierarchisches. Der Staat muss mehr ermöglichen und weniger behindern. Der Staat muss schlank, aber stark sein. Der Staat muss die Freiheit seiner Bürger und deren Verantwortlichkeiten achten.

Die Politik darf den Menschen nicht länger ihre Verantwortlichkeiten mit Wahlzuckerln abkaufen. Frei nach der Devise: Gib uns deine Stimme – wir machen den Rest und du bist frei von Verantwortung! Die internationale Diskussion um die Bürgergesellschaft war und ist ein wichtiger Impuls für die (Wieder-)Gewinnung von Freiheit und Verantwortung durch die Bürger. Wir müssen diese Diskussion auf den Boden bringen. Mitten ins Leben der Menschen.

Verantwortung fordern

Verantwortung fördern heißt immer auch Verantwortung (ein)fordern. Von Bürgern, aber auch von Institutionen, Unternehmen und der Politik. Warum haben wir von den Banken eigentlich nicht gefordert, dass sie ihrer Verantwortung nachkommen und Vorschläge entwickeln, wie sie ihr Geschäft wieder selbst auf die Beine stellen? Das Prinzip Hilfe zur

Selbsthilfe gilt natürlich auch für die Banken – aber wie sehen eigentlich deren Selbsthilfe-Maßnahmen aus? Wie bauen die Banken ihre Probleme und Schulden ab? Welche Verantwortung übernehmen sie, damit die Steuerzahler nicht für sie den Kopf hinhalten müssen? Auch die Banken verlassen sich auf den Vollkaskostaat. Das wird an der Forderung nach einer „bad bank" deutlich, die alle toxischen Papiere kauft. Das ist der falsche Weg. Wir sollten es nicht zulassen, dass man sich so seiner Verantwortung entledigen will. Auf Kosten der Steuerzahler, unserer Kinder und unserer Zukunft.

Zero tolerance für Verantwortungslosigkeit

Wie gehen wir überhaupt mit verantwortungslosem Handeln in unserer Gesellschaft um? Das ist eine wichtige Frage. Dürfen wir es uns länger leisten, dass verantwortungsloses Handeln ohne Konsequenzen bleibt? Dass Manager Unternehmen im staatlichen Bereich herunterwirtschaften – ohne, dass es für sie Konsequenzen gibt? Dass Anlageberater spekulative Veranlagungsformen konsequenzenlos als „so sicher wie ein Sparbuch" anpreisen? Sind jene, welche die Verlierer verantwortungslosen Handelns sind, selbst daran schuld?

Verantwortungsloses Handeln darf nicht länger Kavaliersdelikt sein. Wir müssen es auf unterschiedlichen Ebenen mit unterschiedlichen Instrumenten bekämpfen.

Rechtsstaat: Dort, wo verantwortungsloses Handeln kriminelle Dimensionen annimmt, ist der Rechtsstaat gefragt – zero tolerance für Verantwortungslosigkeit ist die Devise. Hier geht es nicht um mehr Regeln, sondern um die treffsichere Verfolgung von Verantwortungslosigkeit, die andere Menschen schädigt. Der Staat muss klare, verlässliche Spielregeln setzen. Damit nicht die einen durch ihre Verantwortungslosigkeit die Freiheit der anderen verletzen.

Politik: Die Politik hat im Umgang mit Verantwortung eine zentrale Vorbildfunktion. Durch ihr Handeln bestimmt sie, welches Verständnis von Verantwortung Teil der politischen Kultur ist. Was verantwortungsvolles Handeln ist – und was verantwortungslos ist. Ist es im politischen System üblich, Verantwortung zu delegieren, zu bestreiten oder einfach verantwortungslos zu handeln – oder nicht? Welche Rolle spielt Verantwortung in der politischen Kultur tatsächlich? Die politische Kultur ist Spiegelbild unserer real existierenden Verantwortungskultur. Sie stärkt oder schwächt Verantwortung. Sie macht deutlich, ob sich Verantwortung auszahlt – oder nicht.

Medien: Auch die Medien haben große Verantwortung im Umgang mit Verantwortung und Verantwortungslosigkeit. Es liegt an ihnen, verantwortungsloses Handeln als solches zu thematisieren und zu outen. Es liegt an ihnen, Verantwortung zur Kategorie der Beurteilung von politischem und gesellschaftlichem Handeln zu machen. Verantwortungslosigkeit muss öffentlich sichtbar gemacht werden.

Der Weg zu mehr Verantwortung ist kein Weg zu mehr Kontrollen und Regeln. Es ist ein Weg, der Verantwortung wie Verantwortungslosigkeit in unserer Gesellschaft besser sichtbar macht. Mehr Verantwortung in der Gesellschaft erreichen wir nicht, indem wir die Bürger mit negativen Sanktionen dressieren, sondern indem wir positive Anreize für mehr Freiheit und mehr Verantwortung setzen. Es geht nicht um sozial erwünschtes Verhalten – das mündet in Sozialismus –, es geht um das empowerment in eigener Sache. Das ist der beste Schutz gegen Verantwortungslosigkeit.

Verantwortung fördert Vertrauen

Der Weg zu einer neuen Kultur der Verantwortung ist deshalb so wichtig, weil wir dadurch jene Ressource fordern und fördern, die für unsere Zukunft entscheidend ist: Vertrauen. Das Vertrauen in uns als Individuen, als Akteure im Wirtschaftsleben, als Gesellschaft, als Region und als Nation.

Weil und wenn wir unsere Freiheit nutzen und unsere Verantwortung wahrnehmen, haben wir andere Gestaltungsmöglichkeiten. Wir beweisen uns tagtäglich, dass wir Dinge verändern und verbessern können. Wir ergreifen die Initiative und sehen, was wir erreichen können. Wir stehen Problemen nicht apathisch gegenüber, schauen hin und packen zu. Das macht den Unterschied. Gerade in Krisenzeiten zeigt sich, wie wichtig Vertrauen ist – und wie sehr es fehlt, wenn es plötzlich weg ist. Die Wirtschaftskrise ist in ihrem Kern eine Vertrauenskrise. Wenn niemand mehr dem anderen über den Weg traut, kommen Wachstum und Wohlstand zum Stillstand. Wenn niemand mehr dem anderen traut, ist unsere Freiheit wenig wert. Wer sich gegen Krisen schützen will, der muss dazu bereit sein, etwas zu unternehmen. Dazu brauchen wir Freiheit. Dafür tragen wir Verantwortung. Das gibt uns das notwendige Vertrauen in die Zukunft.

Vorbilder gesucht

Am Weg zu einer neuen Verantwortungs- und Vertrauenskultur braucht es Vorbilder. Zum Beispiel Menschen, die etwas bewegen. Barack Obama ist die Ikone der amerikanischen Vertrauenskultur. Ob diese Kultur und ihre Ikone Substanz haben, wird sich noch zeigen. Einer allein, dem man vertraut, ist meistens zuwenig.

Wir haben in Österreich eine machtvolle Vertrauensressource, die wir oft unbemerkt liegen gelassen haben. In schwierigen Zeiten haben wir sie schätzen gelernt. Sie ist nicht offshore daheim, sondern mitten im Land. Sie beschäftigt Menschen und zahlt Steuern. Sie ist Rückgrat des Sozialstaates und unserer Freiwilligenkultur. Diese Vertrauensressource sind Österreichs Klein- und Mittelbetriebe, am Land und in den Städten. Von ihr können wir viel lernen, wie wir krisenfester und zukunftssicherer werden.

5

VOM MITTELSTAND LERNEN

Große Unternehmen kommen. Und gehen. Internationale Investoren investieren. Und „deinvestieren". Finanzspekulanten versprechen viel. Und halten wenig. Aber einer ist immer da. Österreichs Mittelstand. Er wirtschaftet mitten im Leben der Menschen. In guten und in schlechten Zeiten. Der Mittelstand, das sind Österreichs rund 300.000 Klein- und Mittelbetriebe (KMU) mit 1,7 Millionen Beschäftigten. Das sind 99,5 Prozent aller Betriebe und mehr als zwei Drittel aller Beschäftigten in Österreich. Das ist ein jährlicher Beitrag zum BIP von 60 Prozent. Vor allem: Das ist die gesamte Steuerleistung der hart schuftenden österreichischen Arbeitnehmer und Unternehmer. Es gibt Mega-Konzerne, die an ihren Standorten keinen Cent Steuern bezahlen. Die versuchen, in gar keinem Land Steuern zu bezahlen. Sie sind völlig verantwortungslos agierenden Steuerpiraten. Die Klein- und Mittelbetriebe sind verlässliche Träger unseres Steuer- und Verteilungssystems. Ohne sie geht nichts.

Kleine mittelständische Tugendlehre

Klein- und Mittelbetriebe stehen nicht nur für harte ökonomische Fakten. Sie stehen auch für unverzichtbare soziale Werte. Der Mittelstand verbindet ökonomische und soziale Werte, die andere auseinanderdividieren. Der Mittelstand hält zusammen, was zusammengehört. Darum ist er so erfolgreich, so produktiv und so verlässlich.

Die Klein- und Mittelbetriebe produzieren und repräsentieren Werte, die das Marktgeschehen nicht fördert und auch gar nicht fördern kann. Der Mittelstand bringt die Moral ins wirtschaftliche Spiel. Er lebt Werte, ohne die Wirtschaft und Gesellschaft nicht sinnvoll funktionieren können. Leistungsbereitschaft, Engagement, Fleiß, Pflichtgefühl, Verantwortung, Disziplin – das sind Werte und Tugenden, die für eine erfolgreiche Wirtschaft wie für eine erfolgreiche Gesellschaft notwendig sind.

Nichts ist selbstverständlich

Der Mittelstand macht diesen Wertehorizont nicht groß zum Thema. Warum auch? Wirtschaften mit Werten, das Wahrnehmen von Verantwortung – das ist für ihn ohnehin eine Selbstverständlichkeit. Die Wirtschaftskrise hat uns gezeigt: Es ist nicht selbstverständlich.

Wenn heute immer mehr Menschen fragen „Wie sollen wir wirtschaften?", dann ist die Antwort klar. Der Mittelstand zeigt vor, wie es geht. Als Klein- und Mittelbetrieb weiß man einfach, dass man nicht im luftleeren Raum schwebt. Man hat Mitarbeiter, die wichtig für den eigenen Erfolg sind. Man hat Nachbarn, um die man sich kümmert. Man ist in einer Gemeinde daheim. Wenn man ein neues Projekt startet, muss man seine stakeholder – Nachbarn, Partner und Betroffene – an einen Tisch bringen. Wenn in der Gemeinde oder in der Region Hilfe und Unterstützung gefragt sind, ist man da. Etwas anderes könnte man sich gar nicht leisten. Etwas anderes will man sich gar nicht leisten. Denn das ist die Grundlage für den wirtschaftlichen Erfolg.

Unternehmer verdienen mehr

Der Mittelstand eröffnet auch einen klugen Zugang zum heiß diskutierten Thema Managergehälter. Die Ausgangssituation für den Unternehmer ist klar: Der persönliche Gewinn eines Eigentümers verhält sich symmetrisch zum Gewinn seines Unternehmens. Eine riskante Unternehmensstrategie, die im schlimmsten Fall zum Konkurs führt, hat ganz direkte finanzielle Konsequenzen für den Unternehmer. Vermögen, Arbeit und Ruf sind weg. Der Unternehmer hat daher ein entwickeltes Verhältnis zum Risiko. Er lebt tagtäglich mit dem Risiko. Er muss es kalkulieren, abwägen, immer im Auge behalten und entsprechend verantwortungsvoll handeln. Das persönliche Risiko ist Teil der Führungsverantwortung.

Bei Managern sieht das anders aus: Sie erhalten neben einem fixen Gehalt einen variablen Lohnbestandteil, der heute mehrheitlich von kurzfristigen Leistungskennzahlen abhängig ist. Werden die Ziele erreicht, ist das für den Manager gut – es gibt hohe Bonuszahlungen. Das Abwärtspotenzial ist aber begrenzt. Geht das Unternehmen in Konkurs, droht dem Manager im schlechtesten Fall die Arbeitslosigkeit, was kaum passiert. Vor allem die Manager im halb öffentlichen Bereich ohne konsequente Eigentümer-Aufsicht segeln an goldenen Fallschirmen, ausgestattet mit generösen Abfertigungen, zum nächsten Top-Job. Wo sie genauso weiterwerken wie bisher.

Manager sollen für Schäden haften

Es zeigt sich jedenfalls: Die Anreizstruktur für Unternehmer und für Manager ist somit asymmetrisch ausgestaltet.

Die Manager können sogar zunehmend damit rechnen, dass im Krisenfall der Staat das Unternehmen rettet. Kein Wunder, dass vernünftiges Risikomanagement für Manager kein Thema mehr ist. Vor diesem Hintergrund ist klar: Auch beim finanziellen Anreizsystem für Manager sollten wir uns an den eigentümergeführten Unternehmen orientieren. Und warum sollen ausgeschiedene Manager nicht noch ein paar Jahre für Schäden haften, die sie verursacht haben? So könnte ein besseres Gehalts- und Wertemanagement in der Zukunft aussehen.

Yes, we KMU!

Der Mittelstand ist nicht nur wegen seiner Wertefundierung ein Vorbild für den Weg aus der Wirtschaftskrise. Er ist ein gesamtgesellschaftliches Vorbild, weil das unternehmerische Prinzip Freiheit und Verantwortung auf einmalige Weise verbindet. Klein- und Mittelbetriebe wollen ihre wirtschaftliche Freiheit nutzen, kommen aber dabei auch ihrer gesellschaftlichen Verantwortung nach. Sie leben vor, wie man wirtschaftlichen und sozialen Gewinn verbindet. Wie man mehr Freiheit mit mehr Verantwortung verknüpft. Wie man wirklich etwas weiterbringt. Darauf kommt es an.

Die unternehmerische Selbstständigkeit zeigt auf, welche Gestaltungs- und Entscheidungsspielräume wir als Individuen und Gesellschaft haben. Die unternehmerische Selbstständigkeit macht deutlich, was man für ein selbstbestimmtes Leben tun kann. Der Mittelstand ist nicht nur das volkswirtschaftliche Fundament unserer Gesellschaft, sondern auch Kern einer aktiven Bürgergesellschaft. Die Botschaft für die ganze Gesellschaft sollte klar sein: Yes, we KMU!

Für jedes Problem ein Unternehmen

Das unternehmerische Prinzip stärkt unsere gesamte Gesellschaft. Unternehmerisch denken und handeln bedeutet, Herausforderungen und Probleme anzupacken. Dabei geht es nicht nur um wirtschaftliche Themen. Nobelpreisträger Muhammad Yunus, der Gründer der Grameen Bank, nutzt bekanntlich das kapitalistische System gezielt und erfolgreich zur Armutsbekämpfung durch die Vergabe von Mikrokrediten. Sein Ratschlag: Wenn Ihnen Armut unangenehm ist, dann gründen Sie eine Firma, die Armut beseitigt. Und er fordert uns auf: Gründen Sie ein soziales Unternehmen, statt es von der Regierung zu erwarten.

Das ist Unternehmergeist in Reinkultur. Die Realität zeigt, dass es funktioniert: Die Erfolgsgeschichte der Sozialmärkte – Produkte des täglichen Bedarfs werden zu sehr günstigen Preisen für Menschen mit niedrigem Einkommen angeboten – ist eine unternehmerische und soziale Erfolgsgeschichte.

Ein anderes Beispiel: Die „Zweite Sparkasse" der ERSTE Stiftung. Sie ermöglicht jenen Bankdienstleistungen, die bei keiner Bank mehr ein Konto bekommen. Wer bei keiner Bank mehr ein Konto bekommt, muss sämtliche finanziellen Angelegenheiten im Barverkehr abwickeln. Das kostet viel Geld und außerdem Zeit. Ohne Konto ist die Chance auf Jobangebote gering, denn die meisten Arbeitgeber bestehen auf ein Konto, auf das die Lohnzahlungen überwiesen werden können. Die Zweite Sparkasse löst dieses Problem, erleichtert dadurch die Rückkehr in den Arbeitsmarkt – und gewinnt Image und Kunden.

Derartige Chancen werden zurzeit noch kaum genutzt. Dabei ist das Unternehmertum als zusätzliches Instrument zur Lösung von Problemen und Herausforderungen in vielen Bereichen innovativer und wirksamer als traditionelle sozialstaatliche Instrumente. Wie lange können wir es uns noch leisten, auf die unternehmerische Kraft zu verzichten?

Aufgaben richtig aufteilen

Die Wirtschaft ist für Gewinne zuständig. Der Staat kümmert sich um das Soziale. Und die Bürgerinnen und Bürger nehmen, was sie kriegen können. So sieht der Gesellschaftsvertrag von gestern aus. Daran halten heute noch viele fest. Leute aus der Wirtschaft, die mit sozialer Verantwortung nicht viel am Hut haben; Vertreter des Staatswesens, die gegenüber Wirtschaft und Unternehmertum zutiefst feindlich eingestellt sind. Und Bürgerinnen und Bürger, die „wohlerworbene Rechte" lieben und leere Versprechen des Vollkaskostaates mit der Wirklichkeit verwechseln.

Die Wirtschaftskrise hat gezeigt, dass es so nicht weitergeht. Wirtschaften funktioniert nicht losgelöst von der sozialen Realität. Staaten können auf Dauer nicht mehr ausgeben, als sie einnehmen. Und Bürger können die Verantwortung für sich selbst nicht länger abschieben. Gerade hier zeigen sich die Qualitäten des Mittelstandes, der Klein- und Mittelbetriebe: Sie haben diese „Arbeitsteilung" zwischen Wirtschaft, Staat und Gesellschaft nie konsequent mitgemacht. Klein- und Mittelbetriebe waren und sind nicht nur Wirtschaftsunternehmen, sondern auch soziale Akteure. Klein- und Mittelbetriebe waren und sind nicht nur Dienstleister für Kunden, sondern auch Dienstleister für die Gesellschaft.

Unternehmen sind Bürger

Diese soziale Funktion von Unternehmen lässt sich mit dem Begriff „corporate citizenship" umschreiben. Unternehmen werden als Bürger verstanden – und sollen sich auch als solche verhalten. Als Bürger hat man nicht nur das eigene, sondern das öffentliche Interesse im Auge. Als Bürger beteiligt man sich am öffentlichen Diskurs. Als Bürger fühlt man sich verantwortlich für das, was rund um einen passiert. Als Bürger wird man aktiv, wenn es gilt, Probleme und Missstände zu lösen. Dieses Selbstverständnis von Unternehmen ist im mittelständischen Bereich weit verbreitet – ohne dass es groß reflektiert oder thematisiert wird. Dieses Selbstverständnis von Unternehmen müssen wir breitenwirksam zum Thema machen. Es ist der richtige Weg in Richtung krisenfestes Wirtschaften.

Die Botschaft von „corporate citizenship"

Das Konzept von „corporate citizenship" macht deutlich: Unternehmen bewegen sich wie alle Bürger im Spannungsfeld von Freiheit und Verantwortung. Sie haben in einem Staat Rechte, aber auch Pflichten. Bestimmte Rechte und Pflichten sind gesetzlich festgeschrieben. Andere „gesellschaftliche" Pflichten sind eine Frage der individuellen Werthaltung des Unternehmens. Sie sind Ausdruck dafür, ob ein Unternehmen als guter Bürger gilt – oder nicht. Ob sich das Unternehmen im sozialen und politischen Gemeinwesen aktiv an der Lösung gesellschaftlicher Aufgaben beteiligt – oder nicht. Verantwortungsbewusstes Handeln von Unternehmen bezieht sich damit nicht nur auf die unmittelbaren Aktivitäten des Betriebes von Unternehmen, sondern auch auf das Umfeld und die Umwelt. Egal ob in der Gemeinde, der Stadt, der Region oder des Landes in der das Unternehmen ansässig bzw. aktiv ist.

Vertrauen verdienen

Wie Bürger profitieren auch Unternehmen von öffentlicher Infrastruktur, von öffentlicher Forschung & Entwicklung, vom öffentlichen Bildungssystem, von der öffentlichen Sicherheit oder dem staatlichen Rechtssystem, das sie berechenbar tätig werden lässt. Die Rolle in der staatlichen Gemeinschaft endet für das Unternehmen aber nicht mit dem Zahlen von Steuern. Die Verantwortung greift weiter und tiefer.

Das Verhalten eines „corporate citizen“ als Teil der Gesellschaft hat einen wesentlichen Einfluss auf Wohlstand und Wohlbefinden in einer Gemeinschaft – es ist ein enormer Beitrag zur Entwicklung des Gemeinwohls und damit zu einer harmonischen und gerechten Gesellschaft. Ein Unternehmen, das als gesellschaftlich engagierter Bürger agiert, verdient das Vertrauen seiner Umwelt. Es schafft durch sein Handeln eine Akzeptanz, auf die es langfristig nicht nur im Markt, sondern auch gesellschaftlich angewiesen ist. Ein verantwortungsbewusstes Unternehmen, auf das Verlass ist, dem man vertrauen kann, stärkt die Gesellschaft, macht sie stark für Eigeninitiative, für Kreativität und Innovation, für lebenslanges Lernen, für Freiwilligenarbeit und Nachbarschaftshilfe. Während unverantwortliches unternehmerisches Handeln Stillstand bedeutet, sichert Verantwortung gesellschaftliche und soziale Errungenschaften – und schafft gleichzeitig Fortschritt. Das macht den Unterschied zur Krisenwirtschaft.

Gute Unternehmen, gute Bürger

Wir brauchen mehr „corporate citizenship“: Eine weite Verbreitung des zeitgemäßen Verständnisses der Rolle von Unternehmen in unserer Gesellschaft. Die Klein-

und Mittelbetriebe zeigen mit ihrer wirtschaftlichen und sozialen Verantwortungspraxis, dass Unternehmen gute Bürger sein können. Je mehr Freiheit sie haben, desto mehr Verantwortung als „corporate citizens" können sie wahrnehmen. Als Vorbilder, als Partner, als Arbeitgeber, als Wohlstandsmotor für ganz Österreich.

6

WIRTSCHAFTLICHE UND SOZIALE LEISTUNG SIND UNTEILBAR

Wirtschaftliches Engagement ist eine Sache. Soziales Engagement eine andere. Behaupten zumindest der Vollkaskostaat und seine politischen Apologeten. Stimmt nicht, zeigen unsere Klein- und Mittelbetriebe. Sie überwinden tagtäglich das Spannungsfeld zwischen wirtschaftlicher und sozialer Leistung. Sie verbinden wirtschaftliche Freiheit mit sozialer Verantwortung. Weil beides für sie selbstverständlich ist. Weil wirtschaftliche und soziale Leistung für sie zwei Seiten der gleichen Medaille sind.

Produzenten von Vertrauen

Sie sind als Motoren der Wirtschaft aktiv und sichern Wachstum und Beschäftigung. Sie sind aber genauso als „corporate citizens" mitten im Lebensumfeld der Menschen aktiv. Sie unterstützen individuelles Engagement und lokale, regionale Initiativen im sozialen Bereich. Sie produzieren die Voraussetzungen für unsere Demokratie – mit Bürgersinn, Gemeinschaftsgefühl und Engagement –, von denen wir als Gesellschaft profitieren. Sie sind einzigartige Hersteller von Vertrauen. Die Klein- und Mittelbetriebe zeigen damit, wie sich die gesamte Wirtschaftskultur weiterentwickeln muss – und wie wir uns vor Krisen besser schützen können.

Handlungsfeld Freiwilligenarbeit

Ein besonders wichtiges Feld sozialen Engagements in unserer Gesellschaft ist die Freiwilligenarbeit. Die Freiwilligenarbeit ist Ausdruck einer lebendigen Bürgergesellschaft. Die Bürgerinnen und Bürger packen selbst an, um Herausforderungen und Probleme zu lösen. Sie sichern damit die soziale Infrastruktur in vielen Bereichen – vom Katastrophenschutz über Rettung und Feuerwehr bis hin zu sozialen Dienstleistungen, Ortsentwicklung und Kultur.

Jede Woche 14,7 Millionen Stunden Freiwilligenarbeit

Ohne Freiwilligenarbeit geht nicht viel in Österreich. Zahlen der Statistik Austria zeigen ein hohes Maß an Engagement: 43,8 % der österreichischen Bevölkerung, das sind knapp über 3 Millionen Österreicherinnen und Österreicher über 15 Jahren, leisten in irgendeiner Form Freiwilligenarbeit. Besonders engagiert sind wir im Sozial- und Gesundheitsbereich. Das Volumen der Freiwilligenarbeit in Österreich ist unvorstellbar groß: Von den freiwillig tätigen Personen ab 15 Jahren werden insgesamt rund 14,7 Millionen Stunden pro Woche an Freiwilligenarbeit erbracht. Wir haben guten Grund, auf diese Bürgerinnen und Bürger stolz zu sein: Denn sie unternehmen was!

Soziales Engagement von Unternehmen

Wir sollten genauso auf das freiwillige Engagement von Unternehmen in Österreich stolz sein. Es wurde jahrelang vernachlässigt, ignoriert oder als nicht vorhanden angenommen. Die Fakten sprechen eine andere Sprache, zeigt eine aktuelle Studie[3]. Erstmals wurde das gesellschaftliche Engagement von Unternehmen in Österreich auf den Prüfstand gestellt – und erhoben, wie wir im internationalen Vergleich mit Deutschland und den USA dastehen.

Die Analyse zeigt: Österreich ist im internationalen Vergleich durch seine klein- und mittelständische Unternehmensstruktur sehr gut aufgestellt, was sozial verantwortungsvolles Unternehmertum betrifft. Es gehört für die Unternehmen einfach dazu, wirtschaftliches mit sozialem Engagement zu verbinden.

Engagement? Selbstverständlich!

Soziales Engagement ist bei Österreichs Klein- und Mittelbetrieben ein echtes Massenphänomen. 88,6 % aller befragten Unternehmen sind gesellschaftlich engagiert. Und das quer durch alle Unternehmensgrößen. Eine große Mehrheit der Unternehmen unterstützt Sozialprojekte oder engagiert sich im Sport-, Umwelt- oder Kultursponsoring – Themen, die mitten im Leben der Österreicherinnen und Österreicher angesiedelt sind. Die große Selbstverständlichkeit dieses Engagements zeigt sich daran, dass laut Studie das Engagement österreichischer Unternehmen von Traditionen, Werten und regionalen Erfordernissen geprägt ist. Im Klartext: Die Unternehmen engagieren sich nicht, weil das von ihnen gefordert wird, sondern weil es

---

3 Neues Vertrauen für die Wirtschaft. Verantwortungsbewusstes Unternehmertum als Antwort auf die Krise – Status und Potenzial von Corporate Citizenship in Österreich (METIS Institut für ökonomische und politische Forschung, PGM Marketing Research Consulting im Auftrag von PLEON PUBLICO, 2009), Studie vollständig im Internet unter http://www.pleon-publico.at

für sie integraler Teil ihrer Tätigkeit ist. Gerade die zigtausenden kleineren Unternehmen sehen dies so.

Geben, was gebraucht wird

Das Engagement der mittelständischen „corporate citizens" ist konkret und punktgenau. Gegeben wird, was gebraucht wird. Vor allem Geld-, aber auch Sachspenden. Ganz entscheidend ist für unsere „corporate citizens" das Engagement vor Ort. Die Mehrheit ist rund um die eigene Standort-Heimat aktiv. Fast jedes dritte Unternehmen spielt auf der nationalen Ebene. Und jedes sechste Unternehmen nimmt seine Verantwortung sogar durch die Unterstützung internationaler Aktivitäten wahr. Das ist bemerkenswert. Denn die Klein- und Mittelständler sind offenbar nicht nur daheim verlässliche Partner für soziale Zwecke.

Wenn gegeben wird, dann bewegen die Betriebe beachtliche Summen: Im Unternehmensdurchschnitt liegen 24,2 % aller jährlichen Aufwendungen für soziales Engagement bei bis zu 25.000 Euro, 8,5 % liegen zwischen 25.001 und 50.000 Euro und 7 % zwischen 50.001 und 100.000 Euro. Von der viel zitierten Ellbogenkultur der Wirtschaft ist hier nichts zu bemerken.

Engagement ist Chefsache

Diese Fakten relativieren das Bild der geldgierigen, asozialen Ökonomie, das uns manche unverdrossen zeichnen, gewaltig. Und auch das Bild des egomanen Unternehmers, der seine Mitarbeiter und die Umwelt wirtschaftlich knechtet und ausbeutet. Die Studie zeigt: Das soziale Engagement ist vor allem in kleinen und mittleren

Betrieben Chefsache. Es sind die Eigentümer, die das soziale Engagement vorantreiben. Und nicht politische Moralapostel.

Man fühlt sich eben einem bestimmten Selbstverständnis verpflichtet. Dem Selbstverständnis, dass man als Klein- und Mittelbetrieb einfach Verantwortung für seine Umgebung hat. Die Studie belegt dies klar: Für 80,5 % der befragten Unternehmen resultiert die Wahrnehmung gesellschaftlicher Verantwortung aus dem Selbstverständnis des Unternehmens. Um Missverständnisse zu vermeiden: Österreichs Klein- und Mittelbetriebe sehen ihr soziales Engagement nicht als kühles Gegengeschäft. Nach dem Motto: Tue Gutes – und mach damit noch mehr Geschäft. Im Gegenteil. Das zeigen die internationalen Vergleichsdaten der Studie: Während in der aktuellen US-Studie bereits 61 % der Unternehmen einen nachweisbaren Beitrag zum wirtschaftlichen Erfolg ihres Unternehmens erkennen – sich also aus betriebswirtschaftlicher Perspektive mit dem Thema beschäftigen –, sind dies in Österreich nur 38,5 %. Man engagiert sich aus seinem gesellschaftlichen Selbstverständnis als Unternehmer heraus. Betriebswirtschaftliche Ziele spielen nur eine untergeordnete Rolle. Gesellschaftliches Engagement von Unternehmen basiert auf „Freiwilligkeit" – und das soll auch weiter so sein. Der Staat hat hier nichts zu suchen.

Kluges Engagement

Dass sich so viele Klein- und Mittelbetriebe in Österreich für soziale Zwecke engagieren – weil das eben zur Tradition und zu den Werten des Unternehmens gehört –, heißt aber nicht, dass wir es mit Einzelkämpfern zu tun haben. Genauso, wie sich die Betriebe klug untereinander in wirtschaftlichen Angelegenheiten vernetzen, schätzen sie die Partnerschaft mit entsprechenden Organisationen: Nur 6 % der befragten österreichischen Unternehmen kooperieren im Bereich ihres gesellschaftlichen Engagements nicht mit anderen Organisationen. Das unterstreicht die selbstverständliche Vernetzung der Betriebe mit ihrer Umgebung auch in sozialen Belangen.

Marketing-Brimborium? Nein, danke!

Hätten Sie den klein- und mittelständischen Unternehmen in Österreich ein so hohes Ausmaß an gesellschaftlichem Engagement zugetraut? Hätten Sie es sich vorstellen können, wie gewinnbringend Freiheit und Verantwortung zusammenwirken können? Die Fakten sprechen eine klare Sprache: Österreichs Unternehmen und insbesondere die Klein- und Mittelbetriebe sind in wirtschaftlicher und sozialer Hinsicht stark. Sie handeln aus Tradition und Überzeugung. Die Region ist Epizentrum ihres gesellschaftlichen Handelns. Ihr Engagement fußt auf ihrem Verständnis von Verantwortung – ohne großes strategisches oder marketingmäßiges Brimborium. Man tut einfach, was zu tun ist.

Schön sein ist zu wenig

Und davon profitieren wir sozial und wirtschaftlich in einem hohen Ausmaß. Dessen sollten wir uns mehr bewusst werden. Beispiel Tourismus: Schöne Landschaften machen Österreich bei Touristen beliebt. Aber das alleine ist zuwenig. Die Touristen schätzen auch die lebendige Volkskultur. Von der Trachtenkapelle über das Volksfest bis zum Almabtrieb. Die Volkskultur füllt das Land mit

Leben und zieht Touristen an. Dahinter steckt unendlich viel ehrenamtliche Arbeit. Die Touristen schätzen aber auch die Sicherheit, etwa im alpinen Bereich. Für die sorgt unter anderem die Bergrettung. Auch hier spielt das Ehrenamt eine tragende Rolle. Zwischen Freiwilligenarbeit und touristischem Erfolg besteht ein direkter Zusammenhang.

Beispiel Pflege: Über 80 Prozent der Pflegeleistungen werden in Österreich im familiären Bereich erbracht. Staatlicherseits wäre das alles nicht finanzierbar. Dafür, dass Pflege leistbar ist, sorgen auch die klein- und mittelständischen Unternehmen: Mit flexiblen Arbeitszeitregelungen für Mitarbeiterinnen und Mitarbeiter mit pflegebedürftigen Angehörigen oder Nachbarn. Da werden von Firmenchefs viele Augen zugedrückt. Jenseits gesetzlicher Arbeitsverpflichtungen. So sieht soziale Verlässlichkeit aus.

Sie haben verstanden

Die Unternehmen schaffen die Grundlagen für das weitverbreitete freiwillige Engagement der Österreicherinnen und Österreicher. Vergleicht man die aus der Studie resultierenden Eckdaten gesellschaftlichen Engagements der österreichischen Unternehmen mit jenen der Freiwilligenarbeit in Österreich, werden ein enger Zusammenhang und ein durchgängiges Austauschverhältnis deutlich.

Werte wie Tradition, Überzeugung, Verantwortungsbewusstsein und der Wille zur Gestaltung sind die Basis für die Unternehmen, die Strukturen für die Freiwilligkeit des Ehrenamtes erst zu ermöglichen. Geben und Nehmen sind und bleiben damit krisenfest. Der wirtschaftliche Erfolg, mehr Wirkung als Ursache, weist für Österreichs Unternehmen eine tiefe Verwurzelung im gesellschaftlichen Engagement auf. Wirtschaftlicher und sozialer Erfolg als „corporate citizen", als Unternehmensbürger sind eben unteilbar. Österreichs Klein- und Mittelbetriebe haben es schon lange verstanden. Wir sollten ihnen mehr vertrauen.

Vertrauenslücken schließen

Die Klein- und Mittelbetriebe zeigen uns mit ihrem wirtschaftlichen und sozialen Engagement, wie wir die riesigen Vertrauenslücken in unserer Gesellschaft kleiner machen können. Wie wir das Vertrauen von weiten Teilen der Gesellschaft gegenüber der Wirtschaft wieder herstellen. Wie wir das Vertrauen in die Kraft unserer Freiheit und unserer Verantwortung reparieren. Und wie wir das Vertrauen in die Wirksamkeit unseres eigenen Handelns wieder herstellen.

7

UNSER WEG ZUR VERTRAUENSGESELLSCHAFT

Wir können von den Klein- und Mittelbetrieben viel lernen. Wie man Freiheit und Verantwortung verbindet. Wie man wirtschaftlich und sozial erfolgreich ist. Wie man das Vertrauen in sich, in seine Leistung und in seine Umwelt stärkt. Wir können von der Selbstständigenkultur lernen, wie man Zukunft Schritt für Schritt entwickelt. Wie man Dynamik mit Verlässlichkeit verbindet. Und wie man der nächsten Generation mehr Chancen als Schulden hinterlässt. Und wir können von der vitalen Freiwilligenkultur lernen, die durch klein- und mittelbetriebliches Engagement ermöglicht wird.

Das alles macht uns krisenfester, als wir es heute sind. Vor allem können wir von den mittelständischen Unternehmen lernen, wie man das für die Zukunft entscheidende Vertrauen fördert und fordert.

„new spirit" statt „new deal"

Wie soll es also weitergehen? In immer mehr politischen Zirkeln wird heute über die Notwendigkeit eines neuen Gesellschaftsvertrages räsoniert. Ein „new deal" wird verlangt, der zwischen Regierten und Regierenden neue Regeln und damit neue Sicherheiten schafft. Damit würden wir allerdings nur in die nächste Sackgasse hineingehen.

Wir brauchen keine neuen Normierungssysteme, gesellschaftliche und institutionelle Zwangsjacken, die nur falsche Sicherheiten schaffen.

Wir brauchen keinen „new deal", der nur Steuergeld verbrennt, wir brauchen einen „new spirit", der uns fit für Freiheit und Verantwortung macht. Wir brauchen nicht gesellschaftlichen Klebstoff, sondern gesellschaftlichen Treibstoff, durch den wir unser wirtschaftliches und soziales Potenzial entfesseln können. Wir sollten uns nicht unnötig lange mit der Retro-Frage aufhalten, wer wir sind. Wir sollten uns mit der Frage beschäftigen, wer wir sein wollen.

Abschied von Vollkasko- und Ellbogengesellschaft

Wir brauchen daher ein neues gesellschaftliches Leitbild. Die bisherigen Leitbilder haben ausgedient.

Auf der einen Seite die Vollkaskogesellschaft: Ihr Versprechen – mehr Schutz in allen Lebenslagen durch mehr Staat – hat sich als unhaltbar erwiesen. Ja, wir brauchen einen starken Staat. Aber stark kann der Staat nur dann sein, wenn wir ihn nicht mit Aufgaben überfrachten, die wir eigentlich selbst erledigen können.

Auf der anderen Seite die Ellbogengesellschaft: Sie geht davon aus, dass sich jeder selbst der nächste ist. Es gibt per definitionem keine Gesellschaft, die Individuen brauchen für ihr Zusammenleben nur einen Staat, der eine Art Nachtwächterfunktion übernimmt. Dieses gesellschaftliche Leitbild hat den angloamerikanischen Raum und insbesondere die USA zumindest rhetorisch geprägt. Dort, wo die Krise herkam. Wobei sich Verschuldungspraxis und Nachtwächtertheorie grundlegend widersprechen.

Prinzipien der Vertrauensgesellschaft

Verabschieden wir uns daher von der Vollkasko- und von der Ellbogengesellschaft. Entwickeln wir ein neues, ein besseres Leitbild für unser Wirtschaften, für unseren Umgang mit der Zukunft. Gehen wir den Weg zur Vertrauensgesellschaft. Die Vertrauensgesellschaft ist kein luftiges theoretisches Konstrukt. Sie ist auf das Engste mit unternehmerischem Denken und Handeln verknüpft. Mit dem Denken und Handeln unserer Klein- und Mittelbetriebe. Vertrauen ist für sie Voraussetzung, aber auch Ergebnis ihres Handelns.

Vertrauen ist in Wirklichkeit ein dynamischer Prozess. Wer sich selbst und seinen Fähigkeiten vertraut, dem fällt es leichter, anderen etwas zuzutrauen. Im Gegensatz zur herkömmlichen Betrachtungsweise ist Vertrauen nicht „Kitt", sondern „Sprit" für soziale und wirtschaftliche Beziehungen. Klein- und Mittelbetriebe leben von ihrem Selbstvertrauen, vom Vertrauen in ihre Partner und Lieferanten, die gemeinsam mit ihnen wachsen und sich entwickeln. Sie leben auch vom Vertrauen ihrer Kunden und ihrer Umgebung, die ihnen wieder selbst vieles zutrauen und zumuten.

Vertrauen als Kernelement unternehmerischen Handelns hat Bedeutung für die ganze Gesellschaft. Die Vertrauenskultur der Klein- und Mittelbetriebe ist Vorbild und Impuls für den Weg in eine Vertrauensgesellschaft, die von mehr Freiheit und mehr Verantwortung lebt.

Die Vertrauensgesellschaft ist in diesem Sinn entscheidend von unternehmerischem Denken und Handeln geprägt, aber sie ist natürlich keine Gesellschaft ausschließlich von Unternehmerinnen und Unternehmern. Auch wenn uns mehr davon guttun. Die Vertrauensgesellschaft steht für die Werte und Haltungen, die unternehmerischem Denken und Handeln vorgelagert sind. Der Wille zur Freiheit. Die Kraft zur Verantwortung. Das Vertrauen in sich und seine Leistungen. Die Bereitschaft, sich von der Zuschauertribüne zu erheben und selbst ins Geschehen einzugreifen.

Freiheit schafft Handlungsspielräume

Die Vertrauensgesellschaft ist eine Gesellschaft, die sich zum Wert der Freiheit bekennt – und die mehr Freiheit einfordert.

Mehr wirtschaftliche Freiheit etwa – innerhalb eines fairen, für alle geltenden Rahmens.

Mehr individuelle Freiheit, wo es um den Schutz der Persönlichkeitsrechte geht.

Mehr Freiheit zu Innovation, denn wir sollten auch in der Forschung mehr ermöglichen als verbieten – Stichwort Biotechnologie.

Die Vertrauensgesellschaft unterzieht politische Vorhaben einem Freiheitsverträglichkeits-Check: Welche Auswirkungen hat eine politische Maßnahme auf unsere Freiheit? Bringt sie uns mehr oder weniger Freiheit? Freiheit eröffnet neue Handlungsspielräume. Mehr und ausreichende

Handlungsspielräume brauchen wir, um Verantwortung wahrnehmen zu können. Nur, wenn wir überzeugt davon sind, dass wir Einfluss auf eine Situation ausüben können, werden wir tatsächlich eingreifen. Das ist der entscheidende Punkt. Jede Idee zählt. Jede Stimme hat Gewicht. Jeder hat Fähigkeiten und Qualitäten, auf die es ankommt.

Verantwortung fängt beim Einzelnen an

Die Vertrauensgesellschaft ist eine Gesellschaft, die Verantwortung in den Mittelpunkt stellt. Individuelle Verantwortung, wirtschaftliche Verantwortung, gesellschaftliche Verantwortung. Verantwortung muss tragbar sein. Wir müssen daher Verantwortlichkeiten zurückgegeben, neu konfigurieren, besser „zuschneiden", damit die Verantwortung zum Verantwortungsträger – Individuum, Wirtschaft, Gesellschaft – passt. Die Verantwortlichkeiten zwischen Individuum, Staat und Gesellschaft sind neu auszutarieren.

In der Vertrauensgesellschaft zählt zuerst die Verantwortung des Einzelnen, die Eigenverantwortung. Das bedeutet auch, Hilfe von anderen erst dann einzufordern, wenn es gar nicht mehr anders geht. Statt als Erstes nach mehr Staat zu schreien. Die staatliche Hilfe zur Selbsthilfe muss das neue Leitprinzip für staatliche Unterstützung sein. Die Vertrauensgesellschaft zielt darauf, dass die Bürger als freie Mitglieder der Gesellschaft so viele Aufgaben wie möglich in Eigenregie ausüben, damit sie so wenig wie möglich dem Staat überlassen müssen. Damit entlasten wir den Staat – und stärken ihn für jene Aufgaben, für die er wesentlich stärker sein muss als heute.

Vertrauen statt abhauen

Die Vertrauensgesellschaft ist eine Gesellschaft, die sich um die „Produktion" und „Distribution" dessen bemüht, wovon Wirtschaft und Gesellschaft zehren: Vertrauen. Der Kern des allgemeinen Vertrauens ist das Vertrauen, das jeder in sich selbst hat. „Ja, ich kann's!" – das ist die Haltung, auf die es ankommt. Barack Obamas legendärer „Yes, we can!"-Slogan macht nur dann Sinn, wenn er auf einem soliden Fundament steht: Dem individuellen Selbstvertrauen, das Grundlage für gesellschaftliches Selbstvertrauen ist.

Wer sich selbst vertraut, seinen Fähigkeiten, Haltungen und Zielen, der kann auch leichter anderen etwas zutrauen. Das Gefühl, das einem etwas zugetraut wird, stärkt wiederum das eigene Selbstvertrauen. Diesen Vertrauens-Kreislauf müssen wir in Schwung bringen. Zutrauen und Vertrauen sind besser als Zuschauen und Abhauen.

Wichtig: Wer Vertrauen in sich selbst und in andere hat, der wird sich auch weniger auf die leeren Versprechungen des Vollkaskostaates verlassen und sich daher auch nicht in dessen Abhängigkeit begeben. Vertrauen ist die Grundlage, damit Hilfe zur Selbsthilfe entfesselt wird. Wer sich mehr vertraut, kann sich und der Gesellschaft besser helfen.

Keine Chance für Trojaner

Wo lernen wir diese Haltung? Wo üben wir sie ein? Wer sind unsere Vorbilder? Die Vertrauensgesellschaft fördert dieses Selbstvertrauen auf allen Ebenen und von Anfang an: in den Schulen, in der Berufsausbildung, im öffentlichen Leben. Die Vertrauensgesellschaft reißt in all diesen Bereichen die „Verboten!"-Schilder ab, die Eigeninitiative und Eigenverantwortung behindern. Die Vertrauensgesellschaft sagt den Feinden der Freiheit den Kampf an. Sie nennt sie beim Namen und lässt den Blutsaugern und Heckenschützen wider unsere Freiheit keinen Spielraum mehr.

„Empowerment" lautet die neue, die bessere Devise. Erlaubt ist, was Eigenverantwortung fördert. Die Tugenden des Mittelstandes fördern Vertrauen: Mitten in der Region, im Leben der Menschen wirtschaften. Sich als Teil der Gesellschaft, als Bürger begreifen. Wirtschaftlichen Erfolg erzielen, der soziale Sicherheit ermöglicht. Das schafft Vertrauen. Die heute vorherrschende Misstrauenskultur ist ja – wie die Finanz- und Wirtschaftskrise leider eindrucksvoll zeigt – Ausdruck einer trojanisch gewordenen Ökonomie. Es wird das Falsche eher erwartet als das Echte. Es wird der Betrug eher angenommen als der Nutzen. Es wird die maßlose Gier eher unterstellt als verdienter Gewinn. Doch so kann man nicht nachhaltig erfolgreich wirtschaften.

Controlling ist gut, Vertrauen ist besser

Marketing-Experten haben in der Vergangenheit eine neue Vertrauenskommunikation eingefordert. Mit der Kommunikation allein ist es nicht getan. Es geht darum, dass sich Unternehmen an jenen mittelständischen Werten orientieren, die für alle Beteiligten ein Gewinn sind. Damit bringt sich die Wirtschaft selbst besser in den Griff, vermeidet Verwerfungen und unverantwortliche wirtschaftliche Schäden. Computerprogramme und Verfahren für die betriebswirtschaftliche Planung können das alles nicht verhindern. Daher gilt: Controlling ist gut. Aber Vertrauen ist besser.

Vertrauen braucht Öffentlichkeit

Weil Vertrauen keine statische Ressource ist, sondern von dynamischen Wechselbeziehungen lebt, ist ihre gesellschaftliche Sichtbarkeit wichtig. Vertrauen braucht Öffentlichkeit. Vertrauen muss sichtbar, nachvollziehbar, spürbar sein. Dabei spielen die Medien eine wichtige Rolle. Sie sind die Transmissionsriemen für den gesellschaftlichen Diskurs. Sie integrieren die stakeholder der Vertrauensgesellschaft – die Bürger, die Unternehmen, die Politik, die Institutionen. Die Medien sind jene Plattform, auf der be- und verhandelt wird, warum wir wem vertrauen – und warum nicht.

Die Medien stellen Vertrauenswürdigkeiten auf den Prüfstand, entlarven Trojaner, kritisieren Verantwortungslosigkeit und Freiheitsbeschränkung, zeigen aber auch auf, wo Freiheit, Verantwortung und Vertrauen gelingen. Die Demokratie reicht so weit wie die Stimme ihres Herolds, heißt es. Das gilt auch für die Vertrauensgesellschaft. Der Vertrauensdiskurs ist alles andere als eine PR-Veranstaltung. Er ist kritisch, fordernd und dadurch auch fördernd. Er sensibilisiert uns dafür, wie wichtig Vertrauen ist und wie wir es am besten sichern.

Unternehmer fördern

Die Prinzipien der Vertrauensgesellschaft richten sich als Leitbild an alle Menschen. Aber natürlich ist auch jeder Unternehmer Botschafter der Vertrauensgesellschaft. Daher tun wir gut daran, die Selbstständigkeit in Österreich zu fördern und nicht als prekäres Problem zu denunzieren. Österreichs Gründerinnen und Gründer sind die beste Zukunftsversicherung, die wir für Wachstum und Wohlstand haben. Unternehmen sind die Keimzelle des Wohlstandes, sie schaffen Arbeitsplätze, sie sorgen für qualitativ hochwertige Produkte und Dienstleistungen – und sie produzieren Werte, auf die es mehr denn je ankommt.

Die Haltung gegenüber dem Unternehmertum muss sich wandeln. Das gilt einerseits für das Ansehen des Unternehmerberufes. Das gilt aber auch für den Umgang mit Risiko. Das Risiko des Scheiterns ist da. Aber: Jeder, der sich dazu entschlossen hat, Unternehmer zu werden, und aufgrund widriger Umstände in Schwierigkeiten gerät, hat weitere Chancen verdient. Hinfallen ist kein Problem. Danach nicht aufzustehen ist das Problem. Unternehmer zeigen uns, dass nicht alles immer gleich klappt. Dass man mit Rückschlägen zurechtkommen muss. Dass man sich davon nicht entmutigen lassen soll. Dass man letztendlich doch Erfolg haben kann. Diese Botschaft ist in Krisenzeiten wichtiger denn je.

Diesen Unternehmergeist fördern wir nicht nur durch mehr Unternehmer: Auch Arbeitnehmer können unternehmerisch denken und handeln. Man muss keine Firma gründen, um Unternehmergeist leben zu können. Man kann in einem Unternehmen als „Intrapreneur" erfolgreich sein. Arbeitnehmer, die auf Basis ihrer Tätigkeit eigenständig Innovationen entwickeln; Mitarbeiter, die sich engagiert und professionell im betrieblichen Vorschlagswesen einbringen; Verantwortungsträger, die in ihrem Arbeitsbereich klug einsparen, um etwa neue Investitionen zu ermöglichen – sie alle handeln auf vorbildliche Weise unternehmerisch. Denn unternehmerisches Denken und

Handeln bedeutet, mit größtmöglicher Freiheit Chancen verantwortungsvoll zu nutzen. Und das kann man auch als Arbeitnehmer.

Der Staat – das „dritte Wesen"?

Die Vertrauensgesellschaft führt uns zu einem neuen, besseren Verständnis von Staat. Bisher war der Staat für uns der Vater Staat. Er kontrolliert die Wirtschaft, versorgt und beaufsichtigt die Menschen. Er finanziert unser Sozial- und Gesundheitssystem. Er gibt uns Arbeit. Er ist Projektionsfläche für unsere Wünsche nach einem besseren Leben. Er ist auch da – meistens sogar –, wenn wir ihn nicht brauchen. Er ist sicherheitshalber allmächtig. Man weiß ja nicht, was wirklich kommt. Der Staat ist für uns eine Art „drittes Wesen" geworden.

Es geht um unser Geld!

Wir haben ganz vergessen: Der Staat sind wir. Der Staat, das ist die Dienstleistungsstruktur, die wir uns als Bürgerinnen und Bürger selbst gegeben haben. Wir haben vergessen, dass nicht wir die Diener des Staates sind, sondern der Staat eigentlich unser Diener ist. Heute müsste man dazu „personal citizen assistant" sagen. Wir haben auch vergessen: Das Geld, das der Staat so großzügig verteilt, ist nicht „sein" Geld. Das ist unser Geld. Es gibt kein Geld vom Staat. Es gibt nur Geld von uns. Wenn allerorts zu lesen ist, dass der Staat die Finanzierung des Gesundheitssystems sichert und Geld zuschießt, dann muss man klarstellen: Es sind die Arbeitgeber und Arbeitnehmer, die das System finanzieren. Als Beitragszahler und als Steuerzahler. Wir arbeiten mehr als die Hälfte des Jahres nur dafür, um Steuern und Abgaben zu zahlen. Es ist nicht der Staat, der alles zahlt – wir sind es. Darauf sollten wir in Zukunft viel mehr achten. Anzumerken ist an dieser Stelle auch: Internationale Großkonzerne sind zwar im Land „daheim", zahlen aber im Verhältnis deutlich weniger Steuern als die Klein- und Mittelbetriebe. Das Geld für die soziale Sicherheit kommt in Österreich aus dem Säckel der Klein- und Mittelbetriebe und ihrer Mitarbeiter.

Der Schiedsrichter-Staat

Die Vertrauensgesellschaft hilft uns, unser Verhältnis zum Staat richtigzustellen – und das heißt: umzudrehen. Der Staat in der Vertrauensgesellschaft, das ist der Schiedsrichter am Spielfeld unseres Lebens, auf dem wir unsere Freiheit und unsere Verantwortung ausspielen. Nach welchen Regeln wir spielen, das legen wir fest. Nicht der Schiedsrichter. Ihm verantworten wir an, das Spiel zu organisieren und die Regeln einzuhalten. Wenn jemand sich nicht regelkonform verhalten hat und Fouls begeht, muss er mit Sanktionen rechnen. Wenn jemand gesundheitlich beeinträchtigt oder verletzt ist, organisiert der Schiedsrichter professionelle Hilfe. Der Staat muss mitlaufen, muss fit und auf der Höhe der (Spiel-)Zeit sein. Aber mitspielen darf er nicht. Das ist unsere Freiheit. Und unsere Verantwortung. Der Staat kann und soll in unserem Auftrag bestimmte Dinge gewährleisten. Aber er soll sie nicht selbst durchführen, solange wir dafür privates unternehmerisches Engagement nutzen können.

Die tägliche Verantwortungschance

Die Verantwortungsspielräume, die wir heute noch ungenutzt lassen, sind enorm. Jeder vergibt täglich zahlreiche Chancen, seine Handlungsspielräume zu nutzen: Alle wollen beispielsweise einwandfreie Produkte und Nahrungsmittel. Es liegt in der Verantwortung von uns als Konsumenten, diese Produkte auch zu kaufen und zu nutzen. Es liegt in unserer Verantwortung, das zu unternehmen, was richtig ist.

Das richtige Gefühl für Verantwortung ist uns nicht verloren gegangen. Jeder von uns weiß es. Wir haben Verantwortung für unsere Kinder und für unsere älteren Angehörigen. Wir haben Verantwortung für unsere Umwelt. Wir haben Verantwortung für den Erfolg des Unternehmens, für das wir tätig sind. Dieses Bewusstsein für Verantwortung müssen wir stärken und weiterentwickeln. Und uns die Freiheit erkämpfen, damit wir auch die notwendigen Handlungsspielräume für mehr Verantwortung bekommen.

Vertrauensgesellschaft entfesseln

Im Zuge der Finanzmarkt- und Wirtschaftskrise wird unser gesamtes Wirtschaftssystem unter Generalverdacht gestellt. Radikale Systemalternativen werden diskutiert. Massive Regulierung und Protektionismus haben politische Hochkonjunktur. Doch das ist der falsche Weg. Denn die Krise nach der Krise können wir nur dann meistern, wenn wir uns in Österreich zu einer Vertrauensgesellschaft weiterentwickeln, die weit über den wirtschaftlichen Bereich hinaus aktiv ist. Die Vertrauensgesellschaft produziert das, dessen Mangel die aktuelle und jede andere Wirtschaftskrise befeuert – Vertrauen in sich selbst, in die handelnden gesellschaftlichen und ökonomischen Akteure. Österreichs Klein- und Mittelbetriebe zeigen als „corporate citizens", als verantwortungsvolle Mitbürger, wie wir zu einem neuen, einem besseren gesellschaftlichen Leitbild und einem entsprechenden Anreizsystem kommen. Wir müssen die unternehmerische Vertrauensgesellschaft nicht regulieren, sondern entfesseln.

Was die Vertrauensgesellschaft bewegt

Wie lautet die Agenda der Vertrauensgesellschaft? Was bewegt die Vertrauensgesellschaft? Wie setzt sie ihre Prinzipien der Freiheit und der Verantwortung in die politische und gesellschaftliche Wirklichkeit um? Wie wirkt die Vertrauensgesellschaft gegen die Krise? Nachfolgend ausgewählte Impulse, wie die Vertrauensgesellschaft unsere Freiheit und Verantwortung von der Wiege bis zur Bahre nicht lähmt und zerstört, sondern fördert und fordert:

Kinder: Kinder sind eine Investition in die Zukunft. > Wer Kinder hat, bekennt sich zu Zukunft und Verantwortung. Die Entscheidung, Kinder zu haben und zu erziehen, darf nicht durch staatliche oder wirtschaftliche Einflussfaktoren behindert werden. Mangelndes Vertrauen in die Bewältigung von Zukunft verhindert die Umsetzung des Kinderwunsches. > Die Erziehung von Kindern muss sich im gesellschaftlichen Anreizsystem stärker niederschlagen als bisher (z. B. Steuern und Abgaben). > Der staatliche Kindergarten „lockt" bisher mit inflexiblen Öffnungszeiten, starren Betreuungskonzepten und, in einigen Bundesländern, auch mit wahltaktisch motivierter Kostenfreiheit. Den Gratis-Kindergarten gibt es natürlich nicht: Wir Steuerzahler finanzieren die Betreuung. Die Vertrauensgesellschaft fordert und fördert das private Engagement in der Kinderbetreuung mit einem Gutscheinsystem. Statt der Austrocknung des privaten Engagements durch staatliche „Gratis"-Kinderbetreuung fördert die Vertrauensgesellschaft

Kinderbetreuungsstrukturen, die am Bedarf der Eltern und Kinder ausgerichtet sind. Nur ein Gutscheinsystem sorgt für Wahlfreiheit – und entfesselt flexibles, privates Engagement von Eltern und Dienstleistern. > Die Interessen der Kinder sind in unserem Institutionengefüge nicht verankert und daher nicht berücksichtigt. Dies gilt insbesondere für den Generationenvertrag als Basis unseres umlagefinanzierten Pensionssystems. Die Verantwortung für Kinder muss unter anderem durch Zukunftsverträglichkeitsprüfungen unserer Institutionen und von Gesetzesvorhaben im Hinblick auf die legitimen Zukunftsinteressen der Kinder wahrgenommen werden.

Jugend: Alle jungen Menschen brauchen faire Chancen. > Die Vertrauensgesellschaft lässt kein Kind und keinen Jugendlichen auf dem Weg in die Zukunft zurück. Unabhängig von der ökonomischen Situation des Elternhauses. Perspektivenlosigkeit mündet zwangsläufig in mangelndem Selbstvertrauen. Faire Startchancen und möglichst individuelle Förderung für Jungendliche sind gleichwertige Prinzipien für alle Maßnahmen, die junge Menschen betreffen. > Die Vertrauensgesellschaft ist sich ihrer Eigentümerfunktion bei den Bildungsinstitutionen bewusst und nimmt diese Verantwortung auch wahr. Zum Beispiel mit einem verpflichtenden Vorschuljahr, das Integration fördert und fordert. Damit alle Kinder die Freiheit haben, ihre Chancen durch eine gute Schulbildung zu nutzen. > Die Vertrauensgesellschaft fördert Hochbegabte von klein auf, denn zu zukunftssichernden Innovationen kommen wir nicht durch bildungspolitische Gleichmacherei, sondern durch angemessene Förderung. Hochbegabte sollen im Land bleiben bzw. zurückkommen, um hier ihre besonderen Fähigkeiten in wirtschaftliche Innovationskraft umzusetzen, von der alle profitieren. > Die Vertrauensgesellschaft erhöht die soziale Mobilität von jungen Menschen, denn wir dürfen es uns nicht leisten, die jahrzehntelang wirksamen soziale Barrieren weiter aufrechtzuerhalten. Studiengebühren, die in die Verbesserung der universitären Studienbedingungen fließen, und ein wirksames Stipendiensystem ermöglichen mehr soziale Mobilität als sozialpopulistische „Großzügigkeit" bei der Studiengebührenbefreiung. Die Freiheit zur Verantwortung eröffnet neue Chancen für junge Menschen.

Unternehmerische Bildung: Bildung zu unternehmerischem Denken und Handeln ist eine Investition in die individuelle und gesellschaftliche Zukunft. > Die Vertrauensgesellschaft fördert von Anfang an unternehmerisches Denken und Handeln. Es ist nicht nur Querschnittsmaterie in der Schule, sondern eigenes Unterrichtsfach. > Statt mit Übungsarbeiten haben die Schülerinnen und Schüler mit Übungsfirmen zu tun – wo sie unter fachkundiger Anleitung eigenverantwortliches unternehmerisches Handeln trainieren. Auch an den Unis und Fachhochschulen wird Unternehmertum vermittelt. > Um das unternehmerische Potenzial im Sozialbereich zu entfesseln, wird in Sozialberufen (soziales) Unternehmertum gelehrt und gelernt. > Für Unternehmen gibt es Anreize zu Investitionen in Innovation. Für Menschen muss es Anreize für Investitionen in die eigene Bildung geben. Für höhere Bildung ist nicht der Staat, sondern man selbst verantwortlich. Unternehmerisches Denken in individuellen Bildungsfragen fordert und fördert das, wovon alle nur reden: lebenslanges Lernen.

Frauen: Freie Lebenschancen basieren auch auf freien wirtschaftlichen Chancen. > Die unfaire ungleiche Entlohnung von Frauen und Männern reduziert die Lebenschancen der Frauen. In der Vertrauensgesellschaft gibt es gleiches Geld für gleich gute Leistung. > Die Vertrauensgesellschaft fördert die Vereinbarkeit von Familie und Beruf, weil es unfair ist, den Betreuungsmalus, der durch die Kinderbetreuung nun einmal im Hinblick auf die Arbeitswelt entsteht, auf die Frauen abzuwälzen. > Die Vertrauensgesellschaft präsentiert keine spezifischen Lebensentwürfe, aber sie fordert und fördert die partnerschaftliche Wahrnehmung von Verantwortung und setzt dafür entsprechende Anreize (z. B. einkommensabhängiges Kindergeld).

Eigentum: Eigentum ist Ausdruck von Freiheit. > Eingriffe in das Eigentum von Menschen (z. B. Einkommen) müssen tendenziell stark zurückgedrängt werden. Das erfordert die Senkung von Steuern und Abgaben. Menschen dürfen nicht länger mehr als die Hälfte des Jahres dafür arbeiten, um Steuern und Abgaben zahlen zu können. Steuer- und Abgabenlasten über 50 Prozent hinaus sind gänzlich zu streichen. > Die Besteuerung von Substanz ist ein schwerer Eingriff in Eigentumsrechte und daher abzulehnen. > Besteuert werden darf daher nur der Zuwachs an Vermögen, der aus Eigentum entsteht. > Die Anreize für Eigentumsbildung werden von der Vertrauensgesellschaft laufend weiterentwickelt. Und das durch entsprechende Ansparmodelle so früh wie möglich. > Die Bedeutung von Eigentum für unsere Freiheit muss auch in den Bildungseinrichtungen vermittelt werden, statt Eigentum zu diskreditieren. > Eigentum muss als Instrument der sozialen Sicherheit im Alter forciert werden.

Gesundheit: Mehr Steuergeld in ein unfinanzierbares System zu pumpen, ist nicht die Lösung – Gesundheit muss gerecht und zukunftssicher finanziert werden. > Der Einzelne muss endlich mehr Verantwortung für seine Gesundheit bekommen – und sie so früh wie möglich kennen und wahrnehmen. Wir brauchen ein Gesundheitssystem, das Prävention durch positive Anreize fördert – und gesundheitsschädigendes Verhalten, für das die Allgemeinheit zur Kasse gebeten wird, negativ sanktioniert. > Das Gesundheitssystem der Vertrauensgesellschaft reduziert die massiven Doppelgleisigkeiten und Überschneidungen im System nach unternehmerischen Kriterien. Echte Kooperation durch klare Schnittstellen zwischen dem niedergelassenen und dem stationären Bereich wird großgeschrieben. Das vermeidet zum Beispiel unnötige Doppel- und Mehrfachbefundungen. Ein Unternehmen beschäftigt ja auch nicht mehrere Posteinlaufstellen. > Die Gesundheitsversorgung wird strategisch geplant: Auf Basis von Bevölkerungsprognosen werden spezifische Behandlungskontingente – wie zum Beispiel Hüftoperationen – am Gesundheitsmarkt eingekauft und der Bevölkerung zur Verfügung gestellt.

Wirtschaft & Arbeit: Die Rahmenbedingungen für die Führung von Unternehmen werden gemäß der Erfolgsprinzipien der klein- und mittelständischen Wirtschaftskultur weiterentwickelt. > Der Staat als Eigentümer ist nicht die Lösung, sondern das Problem. Staatliches Engagement in der Wirtschaft ist konsequent zurückzudrängen – insbesondere auf Ebene der Länder und Gemeinden. Hier gibt es noch enorme Privatisierungspotenziale zu heben. > Wir brauchen Anreize für Eigentümer von Unternehmen, mittel- und langfristigen Erfolg zu sichern statt windige Kurzfrist-Geschäfte zu betreiben. Das erfordert Anreize für eine entsprechende Manager-Bezahlung (z. B. Boni nach Ende des Vertrages). > Statt in großem Stil Steuergeld zu verschenken, investiert die Vertrauensgesellschaft in kreative, kleinteilige Wirtschaftsstrukturen. Kleine Einheiten haben bei Förderungen Vorrang. Die Vertrauensgesellschaft fördert lieber 100 lokale

Ausbildungsinitiativen als eine zentrale Kampagne. Eine kleinteilige Wirtschaftsstruktur erfordert eine regionale Ausrichtung von Förderungen und Impulsen. > In der Vertrauensgesellschaft ist die betriebliche Mitbestimmung dort konzentriert, wo sie hingehört – in den Betrieben. Statt flächendeckenden Vereinbarungen zwischen Arbeitgebern und Arbeitnehmern wird auf regionaler und betrieblicher Ebene ausgemacht, wie Arbeitszeit und Arbeitsorganisation zum Wohl aller Beteiligten aussehen.

Soziales: Das Sozialsystem muss Hilfe zur Selbsthilfe und Verantwortung fördern. > Jede Bürgerin und jeder Bürger soll Steuern zahlen – und sei es nur ein symbolischer Euro –, denn alle sollen ihren sichtbaren Beitrag leisten. > Arbeitslose sollen auch im Arbeitslosenversicherungssystem einen symbolischen Beitrag leisten. > Die Instrumente des Sozialstaates sind am Prinzip „Hilfe zur Selbsthilfe" auszurichten. Sie sollen nicht alimentierte Abhängigkeit vom Staat, sondern Unabhängigkeit fördern. > Die soziale Basisversorgung in Ausnahmesituationen, in denen sich der Einzelne nicht selbst helfen kann, ist zu verbessern und gezielt weiterzuentwickeln.

Pensionen: Die Pensionen müssen für alle sicher sein – auch für die Pensionisten von morgen. > Statt Pensionsreformen rückgängig zu machen, muss geklärt sein, dass die Pension der Zukunft nur mehr ein Mindestmaß an sozialer Sicherheit bieten können wird. Die Verantwortung für seinen Lebensstandard im Alter trägt jeder selbst. Für sein individuelles Wohlstandskontinuum muss man selbst sorgen. Alles andere ist gegenüber den jungen Menschen im Land nicht verantwortbar. Die notwendigen Pensionsreformen sind daher rasch durchzuführen. > Die demografische Mehrheit darf nicht dazu instrumentalisiert werden, im Zuge demokratischer Wahlgänge die Interessen der jüngeren Generationen zu schädigen. Dem kann zum Beispiel eine Zukunftsverträglichkeitsprüfung von politischen Entscheidungen entgegenwirken. > Die Altersgrenzen für Pensionen dürfen nicht nach politischen, sondern müssen nach medizinisch-wissenschaftlichen Kriterien festgelegt werden. Altersgrenzen sind Richtwerte, keine Zielwerte. Die Freiheit, länger zu arbeiten, darf nicht beschränkt werden.

Die Agenda der Vertrauensgesellschaft ist lang und umfassend. Sie ist ein „project in progress", das laufend weiterzuentwickeln ist. Die Vertrauensgesellschaft verspricht kein Utopia. Deshalb ist sie vor Totalitarismen aller Art besser geschützt. Was sie schützt und ermöglicht, ist unsere Freiheit zur Verantwortung.

Erfolgreiche Entwöhnung

Der Startschuss für die Vertrauensgesellschaft markiert das Ende der Zuschauergesellschaft. Wir haben zu lange zugeschaut. Die Krise hat uns wachgerüttelt. Jetzt dürfen wir nicht wieder einschlafen und selig den Traum vom Vater Staat träumen. Wir müssen uns wieder mehr um unsere eigenen Belange kümmern. Unsere Freiheit verteidigen und nutzen. Und unsere Verantwortung wahrnehmen.

Wir haben uns zu Staats-Junkies entwickelt. Viele glauben an die Wirkung der höheren Dosis in Krisenzeiten. Doch das treibt uns nur noch tiefer in die Krise hinein. Die Entwöhnung von der Droge Staat wird nicht einfach. Aber wir haben gute Gründe, uns und unseren Fähigkeiten zu vertrauen. Vergessen wir vor allem eines nicht: Wir sind zur Freiheit geboren, nicht zur Knechtschaft.

LITERATUR

- Ulrike Ackermann:
  Eros der Freiheit. Plädoyer für eine radikale Aufklärung (Klett-Cotta, 2008)
- Ralf Dahrendorf:
  Auf der Suche nach einer neuen Ordnung. Vorlesungen zur Politik der Freiheit (C. H. Beck, 2003)
- Christoph Keese:
  Verantwortung jetzt. Wie wir uns und anderen helfen und nebenbei unser Land in Ordnung bringen (Goldmann, 2007)
- METIS Institut für ökonomische und politische Forschung:
  Kreativität und Innovation (2008)
- METIS Institut für ökonomische und politische Forschung, PGM Marketing Research Consulting, Pleon Publico:
  Neues Vertrauen für die Wirtschaft (2009)

Der Verlag

Der im österreichischen Neckenmarkt beheimatete, einzigartige und mehrfach prämierte Verlag konzentriert sich speziell auf die Gruppe der Erstautoren. Die Bücher bilden ein breites Spektrum der aktuellen Literaturszene ab und werden in den Ländern Deutschland, Österreich, Schweiz und Ungarn publiziert. Das Verlagsprogramm steht für aktuelle Entwicklungen am Buchmarkt und spricht breite Leserschichten an. Jedes Buch und jeder Autor werden herzlich von den Verlagsmitarbeitern betreut und entwickelt. Mit der Reihe „Schüler gestalten selbst ihr Buch" betreibt der Verlag eine erfolgreiche Lese- und Schreibförderung.

Manuskripte herzlich willkommen!

novum publishing gmbh
Rathausgasse 73 · A-7311 Neckenmarkt
Tel.: +43 (0)2610 43111 · Fax: +43 (0)2610 43111 28
Internet: office@novumpro.com · www.novumpro.com

AUSTRIA · GERMANY · SWITZERLAND · HUNGARY